心の出家
変わらぬ日常を
もっとラクに
生きたいあなたへ

草薙龍瞬

大和書房

はじめに

気が重たい毎日は〝心ひとつ〟で軽くなる

ひとは、大小さまざまな〝心の荷物〟を、毎日抱えて生きています。

小さなイライラは、日常茶飯事。やっかいな人間関係も、悩みのタネ。振り返れば「失敗したな」と落ち込む過去は山ほどあるし、この先の生活にも、不安がつきまとう。今の暮らしにも、正直満足してはいません。

暇つぶしにテレビやスマホを眺めてみても、たいして気が晴れるわけでもありません。なんとなく時間ばかりが過ぎていきます。

胸のうちには、なんとなく満たされない気持ちが続いています。「このままでいいのかな?」と思う。でも、どこに向かえばいいのか、わからない——。

そんな中途半端な心境で生きている人は、案外多いのではないでしょうか。

こうした、どこか重たい胸のうちを、「わたしは〝心の荷物〟を抱えているんだ」と考えてみましょう。日々のストレスも、不安も、後悔も、コンプレックスも、みんな心の荷物です。

では、想像してみてください――「心の荷物を降ろした状態」なら、どんな気分になるでしょうか。ストレスが消えた。過去を忘れた。人の目を気にしなくなった。自分を責めることもなくなった――。

そのときは、驚くほど、心が軽くなるはずです。「なんてラクなんだろう」「こんな毎日が続けばいい」「この人生、悪くない！」――そう思えてくるはずです。

そんな爽快な気分を味わってみたい。そう思いませんか？

その方法が、実はあります。重たい気分から解放されて、もっと軽快に、自分らしく、自由な心で生きていける方法が。それが、

〝心の出家〟という生き方です。

「出家」というと、特殊な世界をイメージしがちです。頭を丸めて寺に入るとか、俗世を離れて厳しい修行に励むとか。

しかし、そうした生き方は、仕事や家庭を持つ人には真似できません。そもそも、そんな道を選んでしまったら、容易に世間に戻れなくなります。

この本で考えたいのは、そんな特殊な生き方ではありません。**むしろ、暮らしや仕事はそのままで、心だけは、出家したつもりで、もっとラクで解放された気分で生きてゆこう、という新しい生き方です。**

もともと、心は、あなたが想像する以上に、軽快で自由なものです。ただ、余計な荷物を背負いすぎているから、心本来の軽さを感じられないのです。

ふと冷静に考えてみたら、いくら過去が重くても、しつこく思い出す必要はないし、どんなに忙しくても、散歩の途中や寝ているときにまで、抱え込む必要はありませんよね。

見えない先のことを、あれこれ考えても答えは出ないし、厄介な相手のことを、一人の時間まで思い煩《わずら》う必要はないはずです。

人はつまり、悩まなくていい時間を、わざわざ悩んで苦しんでいるのかもしれません。心の荷物を、みずから背負っているかもしれないのです。

だとすれば、こんな生き方が可能です——心の荷物を一度ぜんぶ降ろしてみるのです。悩まなくていい時間は、悩まない。考えても意味がないことは、考えない。一人でいられる時間は、余計な心配をしない。世間の価値観や、他人の視線も、気にしても仕方ないから、気にしない。

心の荷物をぜんぶ降ろして、自由な心を取り戻そう――そう考えてみるのです。

これを可能にするのが、〝心の出家〟という生き方です。実践すれば、次第に心が軽くなっていきます。見える景色さえ変わります。


この本では、①なぜ日常が重く感じるのか、その意外な理由を明かします。そして、②重たい心の荷物を降ろして、もう一度〝自由な心〟を取り戻す方法を紹介していきます。

その参考とするのが〝仏教〟です。仏教とは、古代インドでブッダ――目覚めた人――と呼ばれた人物が説いた〝自由な心を取り戻す方法〟のことです。

この本では、ブッダと呼ばれた人物が、具体的に何に苦悩し、いかにして心の自由を得たかを、原始仏典という記録を元にたどります。と同時に、先の見えない日常を、多くの人と同じように迷い苦しみながら生きていた私（著者）自身が、どのようにして自由な生き方にたどり着いたか、という過去の体験談も交えます。

この本を手にした人は、古代インドと、二十一世紀の現代を往《ゆ》き来しながら、〝今の暮らしの中で、もっと自由な心で生きる方法〟に近づいてゆくことになります。

最後は、次の答えにたどり着きます――


人は誰もが、重たい日常を生きている。

だけれど、そんな日常の中で、自由な心を取り戻す方法がある。

その方法を実践すれば、今この場所で、心は、もう一度息を吹き返す――。


今日も、明日《あした》も、人生は続きます。楽しいことばかりではありません。腹立たしいこと、憂鬱なことは、これからも経験することでしょう。

でも、だからこそ、日常から束の間抜け出して、自由な心を取り戻す方法が必要なのです。

〝心の出家〟という生き方が、それを可能にしてくれます。

自由な心をめざして、いざ歩き出そうではありませんか。

草薙《くさなぎ》 龍瞬《りゅうしゅん》

心の出家
変わらぬ日常をもっとラクに生きたいあなたへ

もくじ

第3章 負の重力を越えてゆこう

第4章 いざ、心を解き放つ道へ

最終章　〝心の出家〟として生きてゆこう

第1章

重たい日常はどこから来るか？

始まりは小さな実感から

あなたは今、どんな気分で日々を過ごしているでしょうか。
最初に、今の心境を確認してみましょう——。

◯今の気分は、軽いか、重いか。
◯すっきりと晴れた気分でいるか、曇った気分か。
◯「この毎日でいい」と納得しているか、まだ不満を感じているか。

胸のうちを正直に見つめてみれば、どこか心が重たいような、曇っているような、ざわついた感じがするものです。

なぜ？——さまざまな思いが漂っているからです。雑事に追われる忙しさや、人間関係から来るストレス、世間の暗い話題や、先が見えない不安、遠い過去の記憶、やり残したことなど、たくさんの重たい〝心の荷物〟を抱えているからです。

意外なことに、そんな心の状態をはっきり自覚している人は、多くありません。

毎日やることはたくさんあるし、娯楽や息抜きで気を紛らわせてもいるからです。

しかし、そうした日々を重ねても、心が軽くなることはありません。

言われるとドキリとするかもしれませんが、**今のままでは、心がすっきり晴れることは、死ぬまでありません**（その理由は、この本を読んでいけばわかります）。

「最近、気分が晴れないな」「歳のせいかな」と思っているうちに、月日はあっという間に過ぎていきます。人によっては、ストレスや憂鬱《ゆううつ》に押し潰されて、動けなくなったり、病気になったりすることもあります。

こうした事態が起きてしまうのは、いったいなぜか？
どうすれば、この重く、どんよりした気分から抜け出せるのか？

その謎を解き明かすことが、最初の課題です。

人生に一度は来る「アイデンティティの寿命」

ここで、ひとつの仮説を共有しましょう――肉体に寿命があるように、〝アイデンティティにも寿命がある〟という仮説です。

アイデンティティとは、性格や、価値観や、好みや人生の目標など、「これが自分」と思ってきたイメージのことです。

長い間、「これが自分」と思って生きてきました。やりたいこと、好きなこと、嫌いなこと、いろいろなことを体験しながら、自分なりに頑張って生きてきました。ところが、ある時期に限界を感じ始めます。「気分が重い」「毎日が楽しくない」「このままでは生きていけない」――そう感じる時期が、不意にやってくるのです。

これは個人的印象にすぎませんが、**人生の限界――つまりアイデンティティの寿命――が訪れるのは、三十代後半が最も多い**印象です。

というのも、「生きているのがつらい」「完全に行《ゆ》き詰《づ》まってしまいました」と、私のところへ相談に来る人の年齢は、なぜか三十代後半が多いのです。

スポーツの世界では、三十代後半は、引退を迫られる年齢です。この年代は、体力的な限界だけでなく、精神的な限界、さらには生き方の限界をも迎える時期かもしれません。

ちなみに、人が死ぬ原因を調べると、十五歳から三十九歳まで、最も多いのは「自殺」です(厚生労働省人口動態統計)。四十代に入ると、がんなどの生物的死因がトップに来ます。

この統計データを見て思うのは、十代後半から三十代は、心の苦悩を理由に死を選ぶ人が多いということ。特に三十代後半は、それまで自覚しなかったさまざまな問題に直面して、いよいよ限界を感じる人が多い年代かもしれない――そう思えてくるのです。

はて、どういうことかと考えてみると、こんな仮説が成り立ちます――人は、十代までに教育を受けて、人格の基礎を作る。二十代は、進学、就職、結婚、出産など、新しい体験が目白押しで、十代に作った自分の延長を、半ば勢いで生きていく。

二十代は、体力もあるし、未来への希望もある。だからそれほど限界を感じない。ところが、三十代に入ると、いろいろな変化が訪れる――若かった頃の夢や情熱が枯れていく。体力も衰える。昔の友人も、結婚したり仕事が忙しくなったりと、遠くなり始める。自分の限界も見えてくる。

その半面、仕事上の義務や責任は増えてゆく。家庭を持てば、良くも悪くも、行動範囲は限られる。疲れやストレスは着実に溜まっていく。「これでよかったのか」と思うことが増えてくる一方で、日常は容赦なく進んでいく――。

こうした要素が重なって、生きるのがしんどい、もう生きられないと心が訴え始める――それが、三十代後半かもしれないと思えてくるのです。

長引く苦しみは「生まれ変われの合図」

もちろん「三十代後半が、アイデンティティの寿命」というのは、根拠の薄い印象でしかありません。もっと早くに、あるいはもっと遅い時期に、限界を感じ始める人も大勢います。

たしかなのは、苦しみが一定ラインを超えて、もう動けない、これ以上生きていけないと自覚する時期が、多くの人にやってくるということです。

もしあなたが、いつの間にか「生きづらい」「何をしても楽しくない」「生きている実感がない」と思い始めているのなら、「アイデンティティの寿命かもしれない」と考えてみてください。そして、こう受け止めましょう――


「そろそろ生まれ変わりなさい、新しい人生を始めなさい、という合図なんだな」


思えば、人生は長いのです。ひとつの自分のまま――過去や性格や価値観もひっくるめた「これまでの自分」を繰り返すほうが、不自然すぎるのです。

人はたしかに、過去の延長を生きています。なかには、次に活かせるもの、自分の長所や財産になっているものも、あることでしょう。

しかし、苦しい思いが続いているなら、なにも生真面目に、過去の自分を繰り返す必要は、ないはずです。


苦しければ、変わればいい。

重たければ、捨ててみればよいのです。

根本的に間違っていたのかもしれない

たとえば道を歩くときに、その道がひたすらしんどくて、しかも目的地を知らないなら、「いったい自分は、なんのために歩いているんだ？」と思えてきますよね。

実は、人生も同じです。めざす目的が見えず、日々の暮らしがしんどいだけなら、「いったいなんのために生きているんだ？」と思うことが、自然です。

人は、いったい何をめざして生きているのでしょう？

何があれば、「自分の人生はこれでいい」「この暮らしが続けばいい」と、心の底から満足できるのでしょうか？

多くの人は、人生に満足する根拠を、外の世界に求めているように映ります。

お金を稼ぐとか、世間に認めてもらうとか。何か形がなければいけない。人に誇れるものを手にしなければいけない――。

だから、いつも人の目を気にしています。まだ手にしていない何かを求め続けています。未来のどこかで、その〝何か〟が手に入ると期待をつないでいます。

その姿は、外の世界に、他人に、未来に、何かを求めている状態です。

裏を返せば、心の内側に、今の自分自身に、満足できる何かがない——ということです。こうした生き方は、本当に正しいのでしょうか？


自分なりに生きてきた。だが、心はいつも渇いている。

怒りも、憂鬱も、不安も、後悔も、いろいろな思いが残っている。

あとどれだけ生きていけば、自分に納得できるのだろう？


この問いに、あなたは答えられるでしょうか。

思えば、もうすでにかなりの歳月を生きてきました。自分なりに頑張ってきたつもりです。だけれど、まだ納得していない。いつ納得できるかも、わからない。

だとすれば——、

生き方を間違えているのです。おそらく、根本的に——。

外の世界に答えはない。心のうちを見よ

いったい何を間違えたのか。その答えを突き止めることにしましょう。

ここで登場してもらうのが、ブッダ——真実に目覚めた人——です。

仏教には、「原始仏典」という古い記録があります。その中に、こんなエピソードが残っています——。

ある日の午後、ブッダが林の中で瞑想していた時のことです。ドヤドヤと大人数の若者たちがやってきました。

話を聞けば、外出時に付き添わせていた若い女性が、宝飾品を盗んで行方《ゆくえ》をくらましたというのです。

ブッダは、彼らの話を聞いた後で、こう語りかけました——

若者たちよ、君たちは、どう思うか。
女性を探し求めることと、自己を求めることは、
どちらが価値あることだと思うか。

――青年たちの出家　マハーヴァッガ

ブッダが伝えたのは、「宝飾品や逃げた女性を追いかけることが、本当に必要なことなのか。もっと大事なこと、その人生で手に入れるべき価値は、他にあるのではないか」ということでした。

ブッダが語った〝必要なこと〟は、「自己を求めること」――これまでの自分と違う「新しい自分」を手に入れることです。

考えてみれば、この程度のことを――逃げた相手を追いかけたり、失ったものを惜しんで腹を立てたり――していても、心がやすらぎを得ることはない。

あれこれやっているようでいて、結局心は落ち着かず、小さなことで怒ったり、落ち込んだり、妬《やっか》んだり、他人事を気にしたりして、心はいつも満たされないままでいる――。

そんな自分を繰り返しても、何も残らない。もっと新しい自分を——これまでとは違う、いつでも満たされている自分を、めざしてはどうかというのです。

若者たちは、ブッダの言葉に何かを感じたのでしょう。過去の自分を手放して、「新しい自分」を求めることにしました。

つまり、これまでの生活を捨てて〝出家〟したのです——。

宣言「新しい人生を始めます！」

出家という言葉の意味を、現代人は、あまり知らないかもしれません。「お坊さんになる」「お寺に入る」ことでは、実はないのです。

本来の出家とは、**外の世界に答えを求めるのではなく、ひたすら〝自分にとっての真実〟を求めて生きようと決意した人のことです。**

過去を捨てる。世俗の価値観も捨てる。必要のない物や人も手放す。

なぜならそれらは、本当の満足をもたらしてくれないから。

これまでの自分を捨てて、新しい自分を生きていこう――そう決意した人たちが〝出家〟です。

いわば、出家とは、新しいライフ・スタイルのようなもの。「出家する」とは「これから新しい人生を始めます」という宣言のようなものなのです。

当時は、「寺」も「お坊さん」も、「仏教」さえも、ありませんでした。ブッダも、若者たちも、そんなものを求めたわけではないのです。

形がどうだということではなく、「過去の自分は、もういい。潔《いさぎよ》く捨てて、新しい自分を生きていこう」――そう決意して、実際に生き方を変えた人が、本当の出家なのです。

とすると、もしかしたら現代に生きる私たちも、〝出家〟として生きられるかもしれません。なぜならブッダが伝えたのは、新しい自分を生きること、新しい道（生き方）を始めればいい――ということだからです。

いわば、形ではなく、精神上の〝心の出家〟ということです。

ブッダの真意を突きつめてみれば、そんな可能性が見えてくるのです。

人生で最高に価値あるものは何か？

私たちは、いつの間にか、世間の常識や価値観に縛られて、人にどう思われるか、どうすれば嫌われないですむかを気にして、窮屈な毎日を生きるようになりました。「こんな人生はイヤだ」「こんな自分を変えたい」と思っても、その方法がわかりませんでした。

学校でも教わらなかったし、大人になって、いろいろな人に出会って、それなりに経験してきたつもりですが、今ひとつ変わりきれませんでした。

なぜ、こうなってしまったか——原因は、二つあります。

ひとつは、何が本当に価値あることか、その答え（真実）を知らなかったこと。

もうひとつは、求める答えが、きっと外の世界にある、いつか誰かが教えてくれる、と期待していたことです。

だけれど、外の世界に答えがあるのなら、幸せに生きている人は、もっとたくさんいておかしくないし、自分もとっくの昔に納得のいく人生を生きているはずです。

この世の中だって、もっと希望と喜びに溢れていても、おかしくありません。

ところが、現実はこのとおり――この世界は、どこに向かっているのかわからず、混沌《こんとん》と殺伐《さつばつ》に満ちています。苦しんでいる人は、後を絶ちません。

「これでいいのか」という自分の問いにも、まだ答えてくれる人は見つかりません。

こんな世界に答えを求めても、見つかるはずもない。

もしかしたら、世の人々は誰も、本当の答えを――人生で何が最も価値あることかを――知らないのかもしれない。

それが、正解かもしれないのです。私たちが今しなければいけないことは、外の世界ではなく、まして過去の経験でもなく、まったく違う生き方をした人に、話を聞いてみることです。

その相手が〝目覚めた人ブッダ〟です。

人生で最も価値あることは何か？
何が、幸福と不幸を分けるのか？

ブッダなら、こう答えることでしょう——

人生で最高に価値あるものは〝心の状態〟である。
幸か不幸かは、心の状態で決まる。

心の状態とは、本書の最初に確かめた〝気分〟のことです。心境のこと。心が重いか軽いか。快適か苦しいか。晴れているか曇っているか。満たされているか、不満があるか——その実感のことです。

「そんなものでいいの？」と驚くかもしれませんが、いいのです。
なぜなら、よく考えてみてください——今が心地よく、自由で、満足しているなら、その人の社会的立場や過去や暮らしがどんなものであれ、その人は、幸せです。
逆に、怒りや後悔やコンプレックスなど、なんらかの苦しみを感じているなら、いくらお金や肩書きに恵まれていても、幸せとは言えません。

その人が幸か不幸か、正しい生き方をしているかは、心の状態を見れば、一目瞭然なのです。だからブッダなら、こう語りかけてくるでしょう——


もっと自分の心の状態を見なさい。

心が満たされていないなら、外の世界で何を得ようと、人にどう思われようと、本当の価値はありません。


これが、最初の答えになります。

心の状態こそが、最高の価値である。心にある思いが、人生の意味を決める。

この真実に目覚めたら、この先の人生は、二つしかありません。すなわち、

今の心の状態のまま生きるか、
今の心の状態を抜け出すか。

この二者択一です。あなたは、いずれを選ぶでしょうか——？

もう一度人生を選べるとしたら？

いずれを選んでも、自分の人生です。自分で選ぶかぎりは、正解になりえます。
ただ、これまでさんざん重い心で生きてきたのです。これからは、新しい生き方を――〝重たい心の状態を抜けて、自由な心を取り戻す〟ことを、めざしてよいのではないでしょうか。

今の心の状態を抜けるということは、背負ってきた〝心の荷物〟から解放されることです。怒りも、憂鬱も、不安も、後悔も、後ろめたさも孤独感も――重たかった気分から抜け出すことです。

身軽になった心は、最高に爽快です。つらかった日常が嘘のよう。深刻だった悩みも「そんなこともありましたね」程度のもの。毎日が快調で、見える景色が新鮮で、自然に笑みが浮かんでくる――大げさではなく、それくらいの変化があるのです。

自由な心を手に入れるのに、場所も年齢も関係ありません。
自由とは心の状態のこと。だから、日々の生き方次第で、手に入ります。

古《いにしえ》の時代から、数多くの出家たちが、ブッダが伝えた新しい生き方を選んで、自由な境地を手に入れてきました。

その道（生き方）をお伝えするのが、本書の役割です。この先は、ブッダを始めとする心の出家たちの生き方をたどりながら、〝心の自由を取り戻す道〟を進んでゆくことにしましょう。

まずは、過去の自分も、世間の常識も忘れてください。そして、こう宣言してください――

心の荷物から解放された、自由な心こそが、最高の価値である。
わたしは、心の自由をめざして生きていくのだ。

虚無の闇の前で

誰もが、その人生で一度や二度は、行き詰まる時期が来るものです。

著者である私も、そうでした。長い間さまよって〝アイデンティティの寿命〟を迎えたのが、まさに三十代半ばでした。

このあたりで、人がどのようにして自由な心を取り戻すか。その一例として、私の体験もお話しできたらと思います。

これからお話しするのは、お寺や仏教とはなんの縁もなかった人間が、過去何に苦悩し、どのように心の自由にたどり着いたかという体験記です——。

その晩、私は生まれ故郷の実家に帰っていました。

帰ったといっても、家に入ったわけではありません。奇妙に思うかもしれませんが、自分の生家を、向かい側の空き地の隅《すみ》の窪みに身を潜めて、じっと眺めていたのです。

冬も間近い、平日の夕暮れどきでした。

夜の気配を帯びる頃、家の中に明かりが灯ります。母は私が二十代のうちに亡くなっていました。中にいるのは、父親です。

家の門を睨《にら》む自分の中に、相矛盾する二つの人格が現われてきます。一人は、ただいまと明るい顔で門を叩く自分。もう一人は、暗く複雑な感情に足を絡め取られて身動きが取れなくなる自分です。

何をためらっている？　屈託なく入っていけばいいじゃないか、親として迎えてくれるだろう——そんな思いが湧いてきます。

その一方で、過去の忌まわしい記憶も蘇ってきます。家に入れば、間違いなく、あの不快な応酬が始まるだろう。やり場のない憤《いきどお》りと自己嫌悪と。いつもこうだ、帰らなければよかった、自分は何度愚かなことを繰り返すのか。そんな苦い思いで家を飛び出す。そんな顛末《てんまつ》が思い浮かぶのでした。かつては、いつもそうでした。

父親は、複雑な人でした。十代の頃の挫折を、何十年経っても乗り越えられないままでした。劣等感と被害者意識と無気力の塊みたいな人間で、そのくせそんな自分への尊敬や賞賛を、子どもに求めてくるのです。そんな姿を、私は「自尊心の尻ぬぐい（自分でやれよ）」と呼んで軽蔑していました。

そんな息子の反抗的な態度を見るたびに、父はバカにしているのかと逆上し、烈しい暴力を振るうのでした。

ただ、人として善良な部分もありました。仕事は定年まで真面目に勤め上げたし、勤め帰りによく漫画や本を買ってきてくれました。

そんな複雑な父親に、私は、嫌悪と反発と、できれば仲の良い親子でいたいという思いを抱えて、落ち着かないままでした。父を苦しめているのは、自分のような気がする。だが干渉されたくない。放っておいてほしい。

父親が家にいるだけで、圧迫される気がします。心の奥深くに侵入してくるように感じるのです。自室に隠れるように過ごしていました。

皮肉なことに、私もまた父と同じような性格でした。すぐ自分を否定する。他人の目を、やたら気にする。かまってもらえれば安堵するが、無視されたと感じると、途端に落ち着かなくなる。自信が、まるでありませんでした。

外の世界では、そんな臆病さをひた隠しにして、勝ち気でポジティブな性格を演じて、なんとか生きてきました。

ところが、三十代に入って、完全に行き詰まってしまいました。自分が何をしているか、わからなくなりました。生きている実感がない。何も楽しくない。完全に自分を失って、気づけば三十代半ばに差しかかっていました。

そして、この闇の中です――晩秋の夜の底で、凍えながら、うずくまっているのです。目を開いても、何も見えません。


本当は、あの家から完全に逃げたかったのです。逃げきっていれば、きっともっと強くなれただろう、もっと自由に人生を切り拓いていけただろう。

逃げきれなかったから、あの男と同じ性格を受け継いでしまったから、自分は結局、中途半端に生きて、何も成し得ないまま、ここまで来てしまった――そんな思いが湧いてくるのでした。でも、どうしようもありません。

過去は、壮絶な闘いでした。中学を途中で辞めて、十六歳で家出して東京に出て、独学で大学に入って、社会に出て、いろいろな仕事をしてきました。

しかし心の奥には、いつも暗い感情が――忌まわしい過去の記憶か、父親への嫌悪か、罪悪感か、自信のなさか、さまざまな思いが、とぐろを巻いて、自分を〝虚無の闇〟へと引きずり込もうとするのでした。

私は、その負の重力のようなものから、ずっと逃げ続けてきたのです。

だけれど、現実は、何も変わっていませんでした。

あの家と、動けない自分と――それだけが残っているのでした。


その晩は、結局家に入れず、翌朝、東京に帰りました。その後何をして生きていたか、断片的にしか覚えていません。

ただ、暗闇のような毎日の中で、なんとか道を探していたのは、確かです。

やがて〝仏教〟という世界があることを知りました。〝出家〟として生きていくのはどうだろう、と考え始めました。

いろいろな場所を調べて、実際に訪れて、最終的に、三十五歳のときに、東北のとある小さな禅のお寺にたどり着きました。

出家すれば救われる――そう信じていました。

第2章
自由への道は、どこにある？

心が重たい本当の理由を突き止めよう

もしあなたが今、生きづらさを感じているのなら、「わたしは一体、どんな心の荷物を背負っているんだ？」と考えてみてください。

そして長い間、重たい気分を抜け出していないなら、こう自分に語りかけることです――

これ以上、過去の自分に留まっていてはダメだ。
わたしは、本気で、新しい生き方を始めなければ――。

幸いなことに、道はあります。世界は本当に広いもので、行き詰まった人生から、人を救い出してくれる道（生き方）が、あるのです。

そのひとつが、ブディズム――ブッダが説いた心の使い方――です。

最初に教えてくれるのは〝重たい気分の降ろし方〟――まずは、こんな形で気持ちを整理するのは、いかがでしょうか――。

心の荷物の正体は五つ

まず**自分の心の状態を、種類ごとに分類します。「こんな思いが、心の中にある」と客観的に自覚する**のです。

ここに挙げるのは、五つの〝心の荷物〟です。「気分が重い」人の心には、たいてい次のいずれかが、潜んでいます。

---

①求めすぎ（期待過剰）――他人または自分に求めるものが大きすぎて、いつも不満を感じている。「もっと欲しい」「何かが足りない」と常に心が渇いている。

②怒り――イラッとしたり、カッとなったりと、不快を感じる。これが続くとストレスになる。もっと溜まると鬱になる。憂鬱や悲しみなど、心地よくない感情をすべて含む。

---

③妄想——アタマに浮かぶすべての思い。言葉で考えたり、映像を思い浮かべたり、実在しない音が聞こえる、過去を思い出すなど、すべてが妄想に当たる（なお、仕事や学習など必要なことに頭を使うことは、〝正しい思考〟と呼んで、妄想と区別する）。

④慢《まん》——自分の価値はどれほどかと判断する心の動き。自分が正しい、エライ、優れていると思いたがる。褒められると嬉しくなる。逆に、思いどおりにならない現実に不満を持つ。

⑤孤独感——自分は一人だ、誰も気にかけてくれない、わかってくれる人がいないという思い。外の世界が恐くなる。幸せそうな人が羨ましくなる。不安や淋しさ、心細さとして現れる。

これらが、心の荷物です。ほとんどの人は、一つや二つは抱えています。複数の荷物が絡み合って、重くて身動き取れなくなる人もいます。

しかも、心はすぐに新しい荷物を見つけて背負いたがります。小さなストレス、片づかない予定や心配事、気がかりな相手のことや、「こんな毎日になんの意味が？」というふとした妄想まで——。

だから放っておいたら、心の荷物はどんどん増えていきます。気づかぬうちに、重たい毎日になってしまうのです。

そこでこの先は、①新しい荷物を背負わない、②背負った荷物は気づいて降ろす——これを、日々心がけることになります。

その基本となるのは、「自分はこんな荷物を背負っている」と、はっきり自覚することです。心が見えて初めて、降ろせるようになるのです。

そこで、背負った荷物が、いっそうよく見えるように、五つの心の荷物の特徴と、簡単な降ろし方をガイドすることにしましょう——。

①求めすぎる心は壊れたブレーキ

〈求めすぎる心〉は、厄介な荷物です。もともと心には、「求めて止《や》まないエネルギー」があります。だから「何かしなければ」「求めなければ」「何かが足りない」と感じ続けます。これは、生まれ持った心の性質なのです。

これに、人それぞれの妄想が結びつきます。人にチヤホヤされたいとか、「こんな仕事で成功しています」「頭脳優秀です」といった、他人の賞讃を得られそうな姿を想い描く人もいます。

人によっては、「自分はまだまだ」という自己否定が強すぎて、それを挽回しようと、ここぞとばかりに頑張りすぎることもあります。こうした人は、自分に厳しく、他人にも要求水準が高くなります。必然的に、当たりがきつくなるし、ストレスも溜まります。次第に人から敬遠されてしまいます。

こうした問題に直面した人は、「求めすぎなんだな」と自覚することが、最初にきます。そして冷静に「自分はそこまでしないと生きていけないのか」「もっとラクになってもいいのではないか」と、自分に問うことを始めましょう。

たしかに、求めることで成長するとか、状況がいっそう改善することもあります。しかし、心の荷物になるというのは、やはり過剰なのです。頑張ること自体に価値があるのではなく、成果が出るように、効果的な方法を、ストレスなくできることが、正しいあり方なのです。

この精神状態を変えていくには、本書後半に紹介する〝新しい人生観〟(心の土台)を身につける必要があります。ここでは、ひとつだけ覚えておきましょう――

「しんどい自分は、何かを勘違いしている。気持ちよく今に集中できる自分こそが、一番うまくいく自分なんだ」ということです。

②怒りは楽しい危険物

〈怒り〉は、二つに分けてください——すぐ消えていく怒りと、しつこく続く怒りです。

前者の〝瞬間反応としての怒り〟は、放っておけば消えます。たとえば、道ばたで人にぶつかった、相手の言動についイラッとしたという程度の怒りなら、「忘れた」「気にしない」と決め込めば、すぐ消えていきます。

ところが、人によっては、しつこく思い出したり、あれこれ難しく考えて、怒りを長引かせることがあります。最初の怒りをエネルギーにして、人を攻撃したり、ここぞとばかりマウントを取ろうとする人もいます。怒りの寿命は、長くなりやすいのです。

とはいえ、怒りが不快感であることに変わりはないので、怒り続ける人は、怒る回数分の心の荷物を背負うことになります。本当は、しんどいはずなのです。

「これは価値のない怒りだ」と自覚しなければ始まりません。

そして、比べ物にならないくらいに軽快な〝心の自由〟を体験して、怒りというゴミのような感情と〝決別〟していくことにしましょう（↓第五章に続きます）。

③妄想は出口のない迷路

三つめの荷物は〈妄想〉です——頭に浮かぶ言葉やイメージや、過去の記憶など、すべての思いが、妄想に当たります。

心は、スキがあれば妄想します。「何も考えない」ことは、きわめて困難です。本人には妄想しか見えません。自分が作り出した妄想が、リアルな現実だと思えてしまいます。

妄想すると、悩みがイッキに増えます。不快な出来事をしつこく思い出したり、わかるはずのない人の気持ちや未来のことを、勝手に妄想して答えを出してしまったり——「嫌われたかも」「悪口を言われている」「どうせ失敗するに決まっている」

また、不本意な過去を思い出して、「あのときああしていたら」「あれがうまくいっていたら」と妄想して、今の自分を否定することもあります——「どうせ自分なんて」「今さら何をしてもムダだ」

次から次にやってくる妄想に占領されて、アタマはいつもモヤモヤ、イライラしています。「もう何もかも、イヤになった！」と叫びたくもなってきます。

いや、妄想を丸ごと捨てちゃえば、いいのです――。

「そうか、これは妄想なんだ。捨てればいいんだ」と考えましょう。たとえば疲れた時は、お風呂に入って、ゆっくり休めばいいのです。心も同じです――妄想という荷物を降ろして、心を休める時間を作りましょう（↓最終章で取り上げます）。

④プライドは非効率な勘違い

四つめの荷物は〈慢《まん》〉です――自分や他人の価値を、上か下か、正しい・間違っていると判断する心の動きです。

自分に有利に判断する人は、自信過剰だったり、プライドが高かったり、虚栄心が強くてエエカッコして見せたり、人を見下したりして、優越感を保とうとします。

他方、自分に不利に判断してしまう人は、「自分は劣っている」と思い込んだり（劣等感）、過剰に謙遜したり卑屈になったりします。「どうせ悪く言われるに決まっている」と予想してしまうので、人が嫌いになったり、極度に臆病になったりすることもあります。

こうした判断は、妄想の一種です。そもそも人の心には、生存本能にもとづく潜在的な不安があります。認められたいという承認欲も働いています。

だから、自分の価値や正しさを確認したくて、いろんな思考をめぐらせるのです。

だけれど、全部ただの妄想――あえていうなら、ゴミのような心の荷物です。

この種の妄想で、人を見下して得意になったり、自分を否定して卑屈になったりすることは、まったく意味がありません。というのも、上に見ようが下に見ようが、自分と他人の価値を値踏みすることで、心は動揺し続けるからです。

「自由な心でいる」ことが、根本的な解決策です。判断グセを卒業すること。

「わたしは、もっと自由で軽快な心で暮らしたい」と感じる人は、このあと紹介する方法を、実践してください。

⑤孤独感は見方で変わる多面体

〈孤独感〉も、人が背負わずにはいられない、重たい心の荷物です。

孤独感の理由は、人さまざまです。新生活が始まって、一人で暮らすようになって、心細い、淋しいと感じる人もいます。

老いるにつれて、孤独感が増す人もいます。リタイアして、生活範囲が狭くなって、身近な人たちが離れてゆくにつれて、独りを感じる時間が増えていくのです。学校や職場など、周りに人がいるのに、誰にも気にかけてもらえない、通じあえる人がいない――という疎外感・孤立感もあります。

こうした状況をどう見るか――仏教は〝心の状態〟を見るので、「客観的に一人でいる」こと自体が問題だとは考えません。むしろ、独りの時間に、その心に何を見ているかを重視します。たとえば、

○人を求める気持ちが強くて、独りの時間がつらくなるなら、「求める気持ち」のほうを、別の思いに切り替えます。

○周囲に人がいるのに、自分だけが孤立している・疎外されている状況なら、「他人は、すぐには変わらない」という前提のもと、外に向ける自分の思いを切り替えることを選びます。

一人という客観的状況ではなく、独りでいる時の自分の思いを変えてしまおう、

と考えるのです。具体的にどう切り替えるかは、本書後半に出てきます。

ひとまず、こう覚えておきましょう――


孤独感は、①客観的に一人という状況と、②つらく感じる心の状態の二つでできている。だから、心の中の思いさえ切り替えれば、孤独は、別の意味を持ち始める。


――重たい気分の正体が、見えてきたでしょうか。欲と怒りと妄想と慢と孤独感と、以上の五つが、私たちが背負いがちな〝心の荷物〟です。

たしかなことは、これらはすべて、今後の生き方次第で降ろせるということ。

これからは、もっとラクな心で生きていけるようになります。

だから、安心して先へと進んでゆきましょう。

自由な心を取り戻す道はどこに？

重たい気分は、心の荷物でできている。とすれば、次に考えるのは、その降ろし方です。「今日は気が進まない」という一時的な気分から、「生きるのがしんどい」という長期にわたる悩みまで、さて、どうすれば軽くなるのでしょうか。

ここはひとつ、クイズで考えてみましょう。「次の七つから、最も心が軽くなりそうだと思うものを選んでください」――と言われたら、あなたはどれを選びますか？

①休みをとる――有給休暇や旅行など、日常を一時的に離脱する。

②遊ぶ――趣味や娯楽で気分転換を図る。ちょっとした贅沢で気を紛らわせる。

③勉強する――本を読んだり、資格をめざしたり。自分を成長させる努

力をする。
④人生はこんなものだとあきらめる。妥協する。
⑤仕事を辞める。隠遁《いんとん》する。社会からドロップアウトする。
⑥宗教を信じる。
⑦出家する。

最初の二つ（①②）は、多くの人がやっていることです。ただ、一時的に日常を離れても、戻ってこなければいけないし、遊びで気を紛らわせても、生活が変わるわけではありません。

人によっては、勉強して、有利な条件や立場を手に入れようとするかもしれません（③）。現状維持よりも、はるかに建設的かもしれません。

しかし、学ぶだけでは限界があるのも事実です。望む成果が手に入るとは限らないし、対人関係やタイミングなど、自分では如何ともしがたい要素もあるからです。

特に注意したいのは、学んで成長するというモチベーション（動機）が、人を見返すとか、人より上に立ちたいといった上昇欲・承認欲――いわゆる見栄――とつながっている場合です。

この場合、高い割合で、余計な荷物を背負い込みます。そもそも現状を否定しているので、ストレスが溜まります。途中焦ったり、嫉妬したり、順調に行っている人に負い目を感じることもあります。

仮にうまくいっても、心境はあまり変わりません――今より有利な立場をめざそうという思いが変わらない限り、未来が来たその時も「今よりもっと」と感じているだろうからです。


ならば、あきらめる・妥協することで解決できるか（④）といえば、それも困難です。多くの人は、あきらめきれないからこそ悩んでいるのだし、仮にひとつあきらめても、次の悩みが出てきます。

そもそも、変えられる現実は、変えていけばいいのです。その意味で、最初からあきらめる必要は、ありません。


では、仕事を辞める・社会から降りる（⑤）ことはどうかといえば、これも現実的ではありませんね。途中で降りれば「戻って来られない」リスクがあります。

また、場所を変えたところで、解決できるとは限りません。というのも、その荷物は、場所ではなく、自分の心が背負っているものかもしれないからです。

宗教は答えにならない

こうしてみると、多くの人が思いつく〝脱出〟の方法は、決定打にならないことがわかります。

そこで浮上してくるのが、日常そのものから離れてしまうこと——宗教（信仰）に走ったり、いっそ出家したりという特殊なルートです（⑥⑦）。

しかし、それで心は自由になるのでしょうか——そもそも宗教は「信じる者だけが救われる」という世界です。信じた時点で、周囲の人や一般社会との接点を失うおそれがあります。

また、定まった教義と儀式と「信者のお勤め」みたいなものに、身も心も捧げなければなりません。これが一般の人には、ハードルが高いのです。

しかも、宗教を信じる人は、「絶対、究極、最高の真理」といったものを、簡単に信じる傾向があります。だからこそ、宗教を説く側の欲望——権力や栄誉や富を求める人間的な欲求――に、いいように振り回されてしまう危険も孕《はら》んでいます。

宗教は「この教えで、すべての人が救われる」と説きがちです。しかし、人の心はさまざまだし、世界は多様で複雑です。信じるだけで万事を解決できるはずもありません。

さらに宗教は、つねに、信じる人と信じない人とに二分します。その時点で、すべての人に通用する真理には、なりえません。

つまり、人間には、宗教以外の方法が必要なのです。

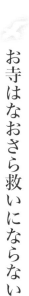

お寺はなおさら救いにならない

では、お寺で「出家」することは？　⑦――いっそう現実的ではありません。

今の暮らしを捨てられない人が圧倒的多数だし、すべての人に寺の門戸が開かれているわけでもないからです。

そもそも現代のお寺に、「自由な心を取り戻す方法」が残っているのか、それ自体が問題です。

日本で運よく出家できたとして、宗派に属して、どこかの寺に勤めることが、自分がめざす生き方なのか。お坊さんというのは、見た目は特殊でも、その暮らしは俗化しているというのは、よく聞く話です。

これは、海外で出家しても同じです。タイ、ミャンマー、スリランカなどの仏教国では、僧侶は、国の公認を得て、その伝統と教義の中にきっちり身を収めなければいけません。

日本とは違って、古い信仰が色濃く残る社会です。人々が求めるのは、お坊さんに布施して、呪文めいたお経を誦んでもらって、よき来世をめざそう、ご利益《りやく》を得ようといった実利です。

そうした世界に生きたところで、心の自由を追求できる保証はありません（海外で出家した私が、今の形で活動していることには、相応の理由があるのです）。

結局、出家したところで、心の自由が得られるとは限りません。今この場所で自由な心を手に入れたいと願う人には、正解といえなくなってくるのです。

さて、どうしましょうか――？

隠された〝もうひとつの道〟がある

たいていの人は、このあたりで現実に妥協しようと考えます。「やっぱり、この人生を生きるしかない。これが現実なんだ」と、思い込もうとするのです。

しかし、その妥協とは、過去の人生を繰り返すということです。「人生、こんなものだ」「もう大人なのだから」と自分に言い聞かせながら……。

でも心は満たされません。日常は変わらない。すっきりしない心境で、歳を重ねていくだけです。これも困りますよね――。

はて、自由な心を取り戻す道は、いったいどこに隠れているのか――?

実は、もうひとつ、意外な道が存在します。世の中、いろいろな人がいるもので、「絶対妥協しない」「あきらめない」「折り合いなんかつけたくない！」という、ずいぶん往生際の悪い人（もっといえば変人）がいるのです。

そうした人は、世にある方法をくまなく調べて、考え抜いて、「どれも答えにならない」と見切りをつけて、そこで妥協も絶望もせず、さらにその先へ、まったく新しい可能性へと突き進んでゆくのです。

そんな人物の一人が、ブッダです。人類史上はじめて、一切の苦しみから解放された人――完全に自由な境地に到達した人です。

ブッダの人生をたどると、新しい可能性が見えてきます――


外の世界に妥協しない、しかし決別するわけでもない。

この現実の世界にあって、しかも現実に支配されない。

心は最高に自由なままである。


そんな生き方が、見えてくるのです。

そこで、時代を遡《さかのぼ》って、古代インドの世界をのぞいて見ることにしましょう。

今からお話しするのは、生きる意味がわからずに、さんざん苦悩した果てに、最高の自由にたどり着いた一人の人間の物語です――。

世界で初めて「心の自由」にたどり着いた人

現代から時間《とき》を遡ること、二千五百年以上――日本から六千キロも離れたインドという亜大陸に、一人の少年が生きていた。

名をシッダルタといった――〝目的を成就する人〟という意味である。

シッダルタは、シャカ族という小さな部族を率いる王のもとに生まれた。

良くも悪くも信心深い父親は、ことあるごとに宗教家たちを呼んで、占いや祈祷《きとう》をさせた。シッダルタが生まれたときは、この子の将来がどうなるかを、占ってもらった。父が望むのは、一族を率いる最強の王になってくれることだった。

シッダルタを憂鬱にさせるものは、三つあった。ひとつは、生みの母親を亡くしていること。自分を産んだ後の衰弱が原因だ。少年は「自分のせいで死んだ」と、思ったかもしれないし、母に会いたいという思慕もあっただろう。母親の死は、少年の心に深い影を落としたに違いない。

二つめの憂鬱は、父親の存在だったかもしれない。父親は、バラモン教（当時のインドで主流だった宗教）の熱心な信者だったうえに、過保護だった。

インドには寒季・雨季・乾季の三つの季節があるが、その季節ごとの豪華な宮殿を三つ、息子に授けたといわれている。少年は、そんな父親に半ば支配されるかのような青年時代を過ごした。

三つめの憂鬱は、「自分は将来、この一族を率いる王になるしかない」という諦めだったかもしれない。気の毒なことに、少年には、人生の先がことごとく見えてしまっていたのだ。

母親不在のうえに、過干渉で、過保護で、迷信好きで、権威主義的な父親のいいなり。しかもその後を継ぐしかない。これでは人生、八方塞《ふさ》がりだ。少年は、深い虚無感に苛《さいな》まれるようになった。

シッダルタは、自らに問いかけ、自ら答えるという淋しい思索を、胸のうちで数えきれないほど重ねた。

〝この場所で僕は、世俗の義務としがらみだけに追われて、生きていくのか？〟

すると、声が聞こえてくる。

〟そのとおりだ、君はこの場所で、何もかもが定められた人生を、ただ生きていくだけなのだ〟

そんな人生は虚しい、と思う。するとまた、別の声が聞こえる。

〟考えても、意味がないよ。もっと人生を楽しむがいい。周りの人間たちと同じように、快楽に溺れて、そんな悩みは忘れてしまえ〟

シッダルタは、音楽も食事も、異性との交遊も、何不自由なく満喫できる立場にあった。贅沢と享楽に耽《ふけ》って、悩みを忘れようとしてみた。父の意向を汲んで、十六歳で結婚もした。子どもも生まれた。だが虚しさは陰を増すばかりだった。

聡明な青年は、必死で考えたに違いない──。

もしこのまま生きていけば、のちにこう感じるだろう。自分はあのとき、心の渇きを直視しなかった。ずっと苦しんでいたのに、それを越えようとはしなかった。

私は妥協したのだ。違う人生があったかもしれないのに、その可能性を捨ててしまった。今、私は王であり、人の親である。人々は、この私を必要としている。この人生に満足してよいではないか。しかし──

世間の栄誉も、贅沢な暮らしも、若さゆえの楽しさも、一体どれほどの意味があるというのだ。人はみな病気になるし、歳を取る。やがて必ず死ぬ。だとしたら、そんなものを追いかける日常に、一体どんな意味があるというのだろう？

——若き日の回想　アングッタラ・ニカーヤ

すべては、必ず失われる。人生の喜びも、未来への希望も、過去の記憶も、家族や友人たちも、今こうして必死で考えて生きている自分自身さえも、すべては枯れてゆくのだ。

絶対的に、消えていく——。

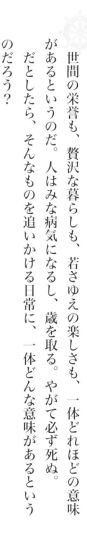

その真実にたどり着いたとき、シッダルタは、身の回りの世界が凄まじい勢いで虚無の闇へと流れ落ちていくように見えて、愕然《がくぜん》としたに違いない。

そのとき、ひとつの光景が思い浮かんだ。ぼろ布をまとって道ばたに端然と座る、放浪行者の姿である。その姿は、世俗のしがらみを捨て、真実だけを追い求めているように見えた。

かつて馬に乗って城の外を散歩したときに、目の当たりにした姿だった。

「これしかない」と、シッダルタは思った。

すべてを捨てて出家する——シッダルタにとって、それは胸躍る決断ではなかった。数えきれない自問自答を繰り返して最後に残った、窮余の選択肢だった。

シッダルタは、ようやく〝捨てる〟決意をした。

深夜、人々が深い眠りに落ちた静寂のなかを、こっそり外に進んでいった。

そして愛馬にまたがり、漆黒の闇の彼方へと消えていったのである——。

「留まるよりはマシ」という発想を持つ

ここで、視点を現代に戻しましょう。シッダルタの半生に触れて、どんな印象を持ったでしょうか。「あまりに悲観的」「もっと人生を楽しめばいいのに」と感じた人も多いかもしれません。

しかし注目したいのは、シッダルタの「考え方」の部分です。「こんな毎日が、この先どこまで続くのだろう?」と溜め息をつくことは、ごくふつうにありますよね。そんなとき、どう考えるか。シッダルタは、こう考えました――

人間は、何かを求めて生きている。だが、求めるものには、間違ったものと、正しいものがあるはずだ。

間違ったものとは、老いと病と死という避けられない現実がありながら、その現実をただ遠ざけようとする生き方である。

正しいものとは、こうした生き方の誤りに気づき、避けられない現実に直面してもなお苦悩しない生き方をめざすことではないか。

——聖なるものを求めて　マッジマ・ニカーヤ

すなわち、人間がめざすべきは、現実から目を背けることではなく、現実に直面したときに苦しまなくてすむ生き方だ、というのです。

ここには〝方向性を問う〟という、のちにブッダとなる人の思考法が、よく出ています。方向性とは、今の延長に来るであろう未来のこと。「このまま生きていけば、未来は、どんな自分を生きているだろう？」と考えてみることです。

すると、こんな思いが湧いてきます——「このまま生きても、たどり着くのは、苦しみだ。ならば今、生き方を変えなければいけない。現実に直面しても苦悩しない生き方を、今この場所で、つかみ取らねばならない」

私たちも、シッダルタに倣《なら》って、こう考えてみましょう。

一、最後にたどり着きたいのは、満たされなさか、自由な心か（方向性）。

二、自由な心をめざすとしたら、今から何をすればいいか（生き方）。

この二つに答えが出た時、「満たされない日常をただ生きる人生」を抜け出して、「自由な心をめざして生きていく人生」が始まるのです。

「まだピンとこない」という人もいるでしょう。もちろん具体的な生き方、何を日々実践するかは、これからの話です。

ただ、ここで目を覚ますべきは、「このまま生きていっても、心が解放されることはない」という見極めなのです。この先、歳を重ねても、ほぼ確実に、気分は重たいまま――そんな人生でいいと思うか、このあたりで新しい自分をめざしてみようと思えるかです。

シッダルタもまた、やがて訪れるだろう閉塞を見越して、「このままではいけない」と感じたからこそ、旅に出たのです。

まだ見ぬ新しい生き方を求めて――物語は、もう少し続きます。

真実は自分の中にしかない

シッダルタは、当時名を知られていた、さまざまな宗教家や思想家のもとを訪れた。弟子入りして、教えを学び、実際に修行もした。

だが、納得のいく答えは、得られなかった。

正しい教えならば、苦しみからの解放に導くはずである。
だが、この教えは、苦しみからの解放にも、求め続ける心を静止するにも、役に立たない。
そのことを知った私は、その場所を去った。

——心の修行について　マッジマ・ニカーヤ

当時のインドで主流だったのは、体を痛めつける苦行をし、その熱で「煩悩《ぼんのう》」を焼き尽くして「魂を浄化する」というものだった。苦行の成果として、死後は「天界」――神々が棲《す》む世界――に生まれ変われるとか、輪廻《りんね》から解脱《げだつ》できるといった多様な説が存在した。

だが、シッダルタが求めたのは、もっと現実的な答えだった。「このやみがたき心の渇き・満たされなさから解放される方法」を探していたのだ。苦行で身を痛めつければ、一時的に苦しみが消えた気はするだろう。だが、苦しみは必ず戻ってくる。ならば、私が求める答えではない――。

死んだ後どこに生まれ変わるかなど、どうでもよい。

この心の渇きから、たった今、自由になる方法を教えてほしいのだ。

その一心で、さまざまな師を訪ねたが、だれも納得ゆく道を示してくれなかった。世界の果てまで旅しても、答えを示してくれる人間はいない。最後は、自分自身で答えを出すしかない――そう覚悟した。

シッダルタは、結局独りになるしかなかった。川のほとりの菩提樹の下に坐り、ひっそりと最後の修行に入った。

このときシッダルタが選んだのは、〝サティ〟という心の使い方である。それは、自分が少年の頃に偶然発見した、自意識から離れて、やすらぎに到る瞑想法だった。

サティの基本は、心に起きる現象を、「ここに在る」とだけ気づいて、それ以上に追いかけず、妄想せず、解釈せず、反応せず、ひたすら「在る」と理解し続けることだ。

その境地に立ち続けることで、心に湧きあがる一切の反応を無化していく。「ただ観る」状態に留まれば、すべての反応は消えていく。

それでも次々に凄まじい勢いで、思いは湧く。心はそのたびに動揺し、新たな反応を作り出す。その流れに乗ってしまえば、再び「苦しみ続ける元の自分」に戻ってしまう。

だから、反応せずに「ただ観る」ことに踏み留まって、心の動きを超微細なレベルまで見尽くしていく。徹底して〝理解〟し続ける――。

シッダルタは、極限の安定と集中をもって、心の奥の奥へと、〝自我〟を作る心のからくりを理解していった。

そして最終的に、心の働きが完全に静止した状態――涅槃《ねはん》 nibbāna《ニッバーナ》――にたどり着いた。そこは、一切の苦しみが成り立たない境地である。

シッダルタは、人間がなぜ苦しみを抱え続けて生きるのか、その根本を理解した。人間が苦しみに留まるのは、心の動きが見えないからだ。瞬間瞬間に心がどんな刺激を受けて、どう反応し、結果的にどのような状態に至って、それが苦しみとして感知されるのか――その複雑な心の動きが理解できないから、無自覚な反応を繰り返して、気づけば、苦しみの中にいる。

だが、心に本来、苦しみはない。「自我」もない。心とは、うつろいゆく〝現象〟とでも呼ぶしかないものだ。

その根底には、絶対のやすらぎと解放が隠されている。人間が人生の途上で味わう一切の苦悩は、そこには存在しない。

その原始の心の姿から、求め、反応し、さまざまな苦しみに呑まれるまでの一連の動きを見極めて、反応しないことができれば、苦しみから解放される。究極の心の自由に、たどり着く――。

ああ、私はついに求めていた境地に、たどり着いたのだ――。

シッダルタは、さまよい続けた人生の最終地点に達したことを知った。

そのひとは、ブッダ――真実に目覚めた人・苦しみを超えた人――であった。

過去は一切関係ない

ブッダは、自分が到達した〝苦悩を終わらせる方法〟を、ダンマ Dhamma と呼んだ。これをつかめば、苦しみの輪廻（繰り返し）から解放される。「来世」を待つ必要はないし、宗教的な教義や儀式に盲従する必要もない。

それは、静かな、しかし今後の世界を大きく変えるかもしれない、破格の可能性を秘めた発見だった。

ブッダは、この発見を人々に伝えるべきか、躊躇《ちゅうちょ》した。世俗の物事に執着してやまない人々には伝わらないかもしれない。そう案じたからだ。

しかし最後は、この発見を世に伝えてゆく道を選んだ。

「道を求める人は、必ずいるはずだ。この道――新しい生き方――によって救われる人も、いるに違いない」。その可能性に賭けたのである。

ブッダは、ヴァラナシーという土地に向かった。当時〝黄金の街〟と呼ばれていたインド文化の中心地である。

道の途中でブッダは、ひとりの放浪行者に遭遇した。行者は、ブッダが師を持たず、たった独りで真実に目覚めたという話を聞いて、嘲笑《あざわら》った。当時は、師から真理を継承するという伝統が主流だったからだ。

だが、ブッダは決然と言い放った。

煩悩――苦しみをもたらす心の反応――を滅ぼし、
苦しみの繰り返しから解放された者は、
真理に覚醒した者であり、最高の勝利者である。

――ある遍歴行者との対話　マハーヴァッガ

ブッダは、自分が見出した真実を人に認めてもらおうとは、期待していなかった。

他人が自分を認めるかは、どうでもよい。

私は私を知っている。それ以上に求めるものはない――。

そういう潔さである。究極の心の自由に立っていた。

ブッダはこのとき、もうひとつ興味深い宣言を発している。

耳ある者（真実を知りたい者）よ、不死の門は開かれた。過去の信仰を捨てよ。

――伝道の決意　マハーヴァッガ

「不死の門」とは〝喪失を苦しみとしない生き方〟のことだ。ひとは、何かを得たいとか、失いたくないとか、執着することで苦しむ。しかし執着から自由になって、失うこと・得られないことを恐れなくなれば、その苦しみから解放される――そんな生き方が今見出されたというのだ。ブッダのメッセージは、明快だった。

もうひとつ興味深いのは、「過去の信仰を捨てよ」と語ったことだ。これは、当時のインドを支配するバラモン教へのアンチテーゼ（反論）の意味を含んでいる。

当時のバラモン――インド社会における最上位カーストで、宗教的儀礼を司る者たち――は、「人間の苦しみは、前世の業《カルマ》から来る」と説いていた。

この人生で何をするかで、来世が決まる。畜生（けだもの）に生まれ変わることもあるし、地獄に堕ちることもある。すべての命は輪廻する。それが、彼らの教えだった。

当時の人々に、信仰の自由は存在しなかった。神の教えは絶対、バラモンの言葉も絶対だった。「神」という確かめようのない権威に基づき、「おまえの不幸は、前世の業のせいだ」とされていたのだ。

事故や災難に見舞われるのは、「前世の業のせい」。カーストによる差別や貧困に苦しむのも、「生まれ変わる前の自分自身のせい」と言われてしまうのだ。

人々は、現実の不条理に耐えるしかなかった。せめて「来世」に期待をつないで、バラモンたちが説く教義や儀式に従うしかなかった。

だが、宗教が支配する世界は、奇妙な事態を引き起こす。そもそも社会が作り出す問題は、社会（法と価値観）を変えれば、解決できる。心が作り出す苦しみは、心を変えれば、解消できる。だが、そんな当たり前のことさえ、宗教を信じるばかりに見えなくなってしまう。

当時のバラモンたちは、人々に希望を説かなかった。むしろ、人間は苦しみの輪廻を永久に生きるのだ、という絶望を説いていたのである。

ブッダがあえて、新しい道を伝えることを選んだ背景には、こうした当時の信仰と、その信仰に束縛されて苦しむ人々の現実があった。

ブッダが、バラモンたちが集う〝黄金の街〟に足を運んだのは、宗教という名の妄想に苦しむ人々に、新たな希望を伝えるためだったのではないか。

人々を苦しみに閉じ込めるような宗教は要らない。

だからこそ、「過去の信仰を捨てよ」と決然と言い放ったのである。

ひとよ、この新しい道をゆけ

ブッダはその後、修行者たちが棲まう〝鹿の園〟(現在のインド・サルナート地方)に、足を運んだ。かつて一緒に苦行した、五人の仲間たちに会うためである。

ブッダは、再会した五人に、こう語りかけた——


心の苦悩を抜ける道を、私はついに見出した。

君たちも、この道をゆくがいい。
そうすれば、この一度きりの人生のうちに、自由の境地にたどり着けるだろう。

――ブッダ最初の説法　マハーヴァッガ

五人の修行者たちは当初、ブッダを疑いの目で見ていた。彼らが覚えているシッダルタは「苦行に挫折して、女性に甘い乳粥をもらった脱落者」だったからだ。

ところが、不思議なことが起きた。ブッダの姿に何かを感じたのか、彼らは、ブッダの導きに従って「心を見つめる修行」を始めたのだ。

ブッダの言葉は、限りなくシンプルだった――

苦しみの原因は、心の中にある。だが、その原因は取り除くことができる。
その原因を取り除く方法がある。

――五人の比丘への開示　サンユッタ・ニカーヤ

ブッダが伝えた方法を、ひとことに突き詰めれば〝サティ〟(気づき)ということになる。サティを窮《きわ》めれば、苦しみを超えられる。絶対静寂の境地にたどり着く。

その境地に、苦悩も、恐れも、存在しない。「輪廻する自我」や「来世への転生」といった宗教的理屈もない。

苦しみを繰り返す〝心のからくり〟を見破って、完全自由の境地に達したら、一切の理屈は、必要なくなる。宗教からも、自由になる。

やがて、コンダンニャという名の最年長の修行者が宣言した――「私は最高の理解に達した。私の心は、自由になった！」

やがて、残る四人も〝悟り〟を開いていった。苦しみの繰り返しから、世間の常識から、そして宗教的な束縛からも、自由になったのである。

それは、まったく新しい生き方――実践すれば、誰もが心の自由を取り戻せる方法――が、この世界に誕生した瞬間だった。

形に囚われない〝心の出家〟たち

さて、ふたたび時を戻して、ブッダたちの生き方を振り返ってみましょう。

ブッダは、心の自由を取り戻す方法を〝ダンマ〟Dhammaと呼び、これを実践する者たちを〝道の者〟Bhikkhu《ビク》と呼びました。その集団は〝サンガ〟Saṅghaと呼ばれるようになりました。

彼らに、頼れる組織や定住の場所が、あったわけではありません。今日のような確立された「仏教」さえ存在しませんでした。ただのアウトロー（社会的脱落者）です。

ただ、その目的——苦しみからの解放・心の自由——だけは、はっきり見すえていました。ブッダが伝えた新しい生き方を選ぶことを、恐れませんでした。

その点で、本当の「出家」でした。常識や伝統に重きを置かない。既成の宗教、価値観、社会体制、過去のしがらみや人間関係など、一切の束縛から自由でした。

今日「出家」とは、確立された「仏教」の枠に収まる僧侶たち（坊さん・尼さん）のことだと思われています。しかしそれは、のちに作られた「形」にすぎません。

本当の出家とは、心の自由を求めて新しい生き方に踏み出した人をいうのです。

ブッダのもとに集《つど》った人々は、ひとつの「種族」のようなものでした。形式的な出家ではなく、精神的な出家――いわば〝心の出家〟――だったのです。

当時の出家者たちの姿から、私たちが学べることはたくさんあります。

一つめは、**常識に囚われないこと**――。

彼らは、世間の価値観や、他人の視線を、気にしませんでした。もし少しでも「ほかの人はどう思うだろうか」「認めてもらえるだろうか」と気にしていたら、これほど斬新で自由な生き方には、踏み出せなかったでしょう。

二つめは、**人生の目的を知っていたこと**――。

彼らがめざしたのは、既存の宗教や価値観に身を収めることではありませんでした。大事なことはあくまで、心の渇き・満たされなさから解放されること、心の自由を得ること――その一点だけを見すえていました。

三つめは、**新しい生き方に踏み出す勇気を持っていたこと**――。

彼らは、生き方を変えることを、恐れませんでした。ブッダが説き始めた真新しい内容に耳を傾ける柔軟さがありました。ブッダの言葉は、当時嘲笑する者もいたくらいに新奇なものでしたが、彼らは意に介しませんでした。

ひとは、何かと理屈をつけて、現状に留まってしまいます。「失敗するかもしれない」「わたしには無理そう」「周囲に反対されるに決まっている」といった後ろ向きの理由を作って、変化を拒んでしまいがちです。

しかし、躊躇やおそれというのは、現状維持を望む心が生み出す妄想であって、正しい考えではありません。「現実にある、今の不自由な心の状態」こそが問題なのです。生きづらい。心が重たい。気が晴れない。

そんな現実から、どうやって解放されるか――〝自由な心を取り戻す方法〟だけが、答えです。目の前にあるなら、手を伸ばせばいいのです。

ついためらってしまう人と、ブッダたち〝心の出家〟との違いは、そんなに大きなものではありません。

心に苦しみがないこと――その一点が、自分にとって最高の価値である。
その方法を実践することを、わが生き方にしよう。

そう思えるかどうか。それだけの違いです。

「でも、その違いが大きい。生き方を変えるなんて無理だ」と、なお思う人もいるかもしれません。

もちろん、彼らと同じ生き方をめざす必要はありません。彼らほど〝突き抜ける〟ことは難しいだろうし、時代も社会背景も違います。彼らの生き方が、そのまま自分の生き方になるというのは、たしかに飛躍がありすぎます。

ただ、ここで覚えておきたいのは、彼らの発想の自由さなのです。

心が自由であることが、最高の価値――言われてみれば、確かにそうだ。

その方法がある？　ならば、やってみようじゃないか。

そう考えてみるのです。「いいものは試す」「とりあえずやってみる」――これくらいなら「できるかも」と思えてこないでしょうか。

日常の中で意外とチカラを持つのは〝発想〟なのです。思いつけること。思い出せること。「そんな見方（考え方）もあったな」と思い浮かぶこと。

発想に、外の現実は関係ありません。思いつくだけ。「そうだ、やってみよう」――それだけなら完全に、自分ひとりで可能です。

もしあなたが日頃の暮らしに疲れた時は、もう一度この章に帰って、ブッダたち〝心の出家〟の生き方をたどってください。

彼らは自由で、そのうえ気楽です。当時も、今と変わらず、あれこれ言う人もいたでしょうが、彼らの側が目を向けないのです。

「大事なことは、自分がヨシと思えること」――その自分軸の生き方を、彼らは崩しませんでした。

そんな自由な生き方に思いを馳せ、「わたしも、もっと力を抜いていいんだろうな。何にしがみついているんだろう？」と、自分に語りかけるのです。

少しずつでいいから、自由な心を取り戻す道（方法）を学び、実践していく――

残りの人生は、そのために使いましょう。そのほうが、楽しみが増えます。

やがて、岸につながれた舟が、手綱がほどけて流れ出すように、あなたの心は、自由へと動き始めることでしょう。


この先は、ブッダたち〝心の出家〟たちが、あなたの人生の同伴者です。

あなたもこっそり〝心の出家〟の仲間入りをしては、いかがでしょうか。

外の現実は変わらない。周囲の人も相変わらず。自分の仕事も、家も、取り巻く環境も、すぐには変えられないかもしれないけれど――。

心の中でひそかに〝脱出〟するのです。


自由な心をめざす者たちの合言葉を、覚えておきましょう――


外の世界に答えはない。

心の自由は、わが心の中にある。

わたしは、その道をひとりゆくのだ――。

第3章
負の重力を越えてゆこう

思い出そう、自由な心を

ひとはなぜ、重たい荷物を背負い続けてしまうのか。

どうして、ときに絶望するまで、ひとつの人生にしがみついてしまうのか。

それは、本来の心を——自由な心を、忘れてしまっているからです。


心は本当は自由なものである。誰もが、自由な心を取り戻すことができる。


それが真実なのに、誰も教えてくれません。この世界は、人を追い立てるばかりで、心が自由であることを、思い出させてくれないのです。

そこで、自由な心を窮めたブッダの力を借りましょう。ブッダは、人々が忘れてしまった心本来の姿を教えてくれます。

心には、次の三つの真実が、もともと備わっているのです——。

一つめの真実――心は、放っておいても、日々変わっている。

たとえば、この半年を振り返ってください。腹立たしい出来事も、あったはずです。でもすべてを思い出せますか？　忘れた出来事も多いはずです。

忘れたということは、当時の記憶も感情も、消えたということ。当時は、はっきり感じていたはずですが、いつの間にか薄れてしまいました。

ということは、心は、確実に変化しているということです。放っておいても、自由へと――。

「でも、幼い頃の悲しい記憶や、心底腹が立つ出来事は、絶対に忘れることができません」という人もいるかもしれません。

しかし、なぜ「絶対」なのでしょうか。どうでもいい過去は消えるのに、絶対に消えない過去があるというほうが、不自然だと思いませんか。

あとでお伝えすることですが、「忘れられない」「変わらない」のは〝執着〟しているからです。本来変わりゆく心を、執着する――繰り返す・留まる・しがみつく――ことに使っているから、結果的に変わらない状態が続いているのです。

〝変わらない心〟は、本当はありません。むしろ、心は日々変わっているのです。

心にあったものは、消えていく――記憶も、感情も、「性格」さえもです。

この〝変わりゆく心の性質〟を、仏教では「無常性」anicca̅《アニッチャー》; nature of impermanenceといいます。もっと厳密に言えば、「一度生まれた反応は、必ず消える。と同時に、新しい反応が生まれる」ということです。

重たい心の荷物も、変わりゆく無常な心に宿るものである以上、永久に続くものなどありません。どんな重荷も軽くなっていくし、苦しかった思いも、やがて薄らいでゆくものなのです。

二つめの真実――**どんなに重たい心の荷物も、客観的には存在しない。**

あなたが日々感じるストレスや、苦痛に感じる過去や、未来への不安といった心の荷物は、形あるものではありません。最新鋭の医療機器で調べても、宇宙の果てまで探しても、見つかりません。

「重たい」と心が感じているだけです。

なぜ重たいと感じるのか？――仏教的に説明すれば、心の自由な反応が妨げられているからです。

もともと心は、自由自在に動ける状態が、最も自然な姿です。刺激を体で感じたり、言葉で考えたり、喜びや怒りの感情が湧いたりする。でもすぐにリセットされる。再び刺激に触れて新しく反応する——この状態を滞りなく続けてゆけることが、本来の心の姿です。

ところが、新たな反応が邪魔されると——重たい過去をずっと引きずっているとか、強いストレスを抱え込むという状態に陥ると、心は重く感じるのです。

自由に反応できる（動ける）なら、心は軽い。制限されると、心は重い——だけれどそれは、本人が感じるだけのもので、客観的に形あるものではないのです。

三つめの真実——**心はただの反応であって、固定された自分は存在しない**。

人は、感じたり、考えたり、欲しがったりして、その思いを積み重ねた状態を「自分」だと思っています。これが、いわゆる〝自我〟（自意識）です。

だけれど、この「自分」は、妄想の一種にすぎません。そもそも生まれたての赤ちゃんは、刺激に反応しているだけで、僕は、ワタシは、とまだ考えていません。

幼い子どもは、自分がどう見られているかに無頓着です。ところかまわず大泣きするし、嬉々として遊び回るし、汚い恰好をしても案外平気です。

ところが、言葉を覚えて思考が発達するにつれて、「自分とは？」「自分はどう見られているのだろう？」と意識し始めます。これが、自我の芽生えです。

しかし、仏教的な理解に立てば、心はただの反応であって、さまざまな思いの総体（寄せ集め）でしかありません。

だから、お酒を飲んで酔いつぶれたり、病院で麻酔を打たれたりしたら、簡単に「自分」は吹っ飛びます。自分というのは、本人が思うほど、確かなものではないのです。

だからブッダは〝無我〟anattā《アナッター》; being as non-self と、はっきり言いました。平たく言えば「ない」ということです。

あとは踏み出すだけでいい

つまり、心というのは、変わりゆくもので、形あるものではなく、そこに確固たる自我というのは、存在しない——それが、心本来の姿だということです。

ということは、「これが自分だ」「これが人生だ」と思い込んでいたものも、もしかしたら錯覚かもしれません。

いや、ブッダに言わせれば、確実に勘違いです——自分なんて存在しない。適当に反応して生まれた思いを「これが自分だ」と思い込んでいたにすぎない。だが、心はいかようにも変わり得る。だから、こだわるほどのものではない。

自分が苦しい？――ならば、潔く忘れて、新しい自分を始めればいいではないか、と言うのです。

「だけれど難しい」――それが、ほとんどの人の感想でしょう。

たしかに、簡単ではありません。「自分」はしつこい。変えたいけれど、変えられない。頑固で、厄介で、わがままで、重いもの――それが「自分」です。

しかし、そんな自分さえ、心の状態を見て、「心の荷物」に整理して、一つずつ降ろしていけば、軽くなる。次第に自由な心に変わっていく――それが、真実なのです。

となると問題は、なぜ〝自由な心〟が遠いままなのか、なぜ自分を変えられないのか、です。その謎を、次に解いてゆくことにしましょう――。

心には三つの魔物が棲んでいる

なぜ心が重たいままなのか。なぜ自分を変えられないのか？

その理由を、ブッダはひと言で説明しています――それは〝執着〟です。

執着とは、特定の反応が続いている心の状態のことです。

原始仏典に出てくるのは、upādāna《ウパーダーナ》という言葉。一度生じた反応から離れられない精神状態 mental state of attachment という意味です。

たとえば、一度イラッとすると、ずっとイライラが続く。何かに手を出すと、やめられなくなる（テレビ、スマホなど）。一度欲しくなると、あきらめきれなくなる――。

心は、一度生じた反応を維持しようとするのです。同じことをずっと考え続けたり、怒り続けたり。イライラ、モヤモヤ、ざわざわ、ぐるぐる……と同じ状態（気分や感情）が続く状態――これを〝執着〟と呼ぶのです。

ブッダは、「苦しみの原因は執着だ」と、はっきり語っています――。

人間は、三つの執着によって苦悩する。
求めるものを得ようという執着（だが得られない）。
手にしたものがいつまでも持続するようにという執着（だが必ず失われる）。
そして、消えてほしいという執着である（だが思う通りには消えはしない）。

――ブッダ最初の説法　サンユッタ・ニカーヤ

ここで語られているのは、三種類の執着です。すなわち、

①獲得への執着――何かを手に入れたいと願い続ける状態。あきらめきれない。
②持続への執着――続けていたい・変わりたくないと思い続ける状態。
③否定への執着――消えてほしい・なくなってほしいと願い続ける状態。

いったんこの状態に陥ると、容易には変えられません。心はずっと〝執着〟状態のまま――これが、心の重さ、生きづらさの正体です。

だから、心を軽くするには、これらの執着をリセットすることが、基本になります。ブッダによれば、執着は三種類――だから、執着を解除する方法も、大きく三つあることになります。ざっと見ていきましょう――。

なぜいつも物足りないと思うのか？

一つめは、「何かを手に入れたい」と求め続ける心の状態――〝**獲得への執着**〟です。求めるものは、物やおカネ、社会的成功や、親に愛されること、人に認めてもらうことなど、さまざまです。「あれが欲しい」「こんな自分になりたい」と願うと、心は、つねに〝追いかけモード〟（求め続ける精神状態）に陥ります。

この執着は、「かなえば楽しい、幸せになれる」という妄想とセットです。だから、情熱や生きがい、頑張ろうという意欲の原動力になりえます。その意味で、一概に悪い執着とはいえません。

ただ、何かを求めることは、「まだ手にしていない」という心の渇きとセットです。

自分はまだまだ（不十分）という思いに駆られます。結果的に、焦りや漠然とした怒り、順調な人への妬みや、自信が持てないという弊害が出てきます。

たとえば、ある男性は就職活動に失敗して、「想像もしなかった不本意な業界」に入ることになりました。

その不満から数年で会社を辞めて、フリーターになりました。成功哲学や自己啓発の本も読みました。資格試験をめざして事務所に入って、勉強し続けました。「自分はまだまだ」と思うから、独身のまま。「いつかきっと」――そう思い続けて、四十歳を過ぎました。

もう夢がかなう可能性は、ほとんどありません。でも、まだ執着しています。「いまだに過去の挫折を夢に見ます。順調に生きている人たちを、まともに見られません」と言うのです。

まさに〝獲得への執着〟です。求めるがゆえの満たされなさ、後ろめたさが、まさに重石《おもし》のように心に圧《の》し掛かって離れないのです。

この重たい日常を抜け出すには？――次の三つを心がけることにしましょう。

第一に、「これは、ただの執着である――心がそういう状態になっている」と、客観的に理解してください。その心境に特に意味はありません。ただの執着、ただの心の状態です。「そういうものだ」と割り切るだけでよいものです。

第二に、「自分が求めているのは、ただの妄想」と理解します。妄想は、なくても生きていけます。自分がこだわっているだけで、周りは気にしていなかったりします。「アホらしい、もう妄想を追いかけるのは、やめにしよう」と、はっきり言葉にしてみましょう。

第三に、「妄想を忘れる練習」を始めます（↓第四章）。「就きたかった職業」も「なりたかった自分」も、妄想です。かつては生き甲斐だったかもしれませんが、今はゴミのような荷物です。人は、妄想のために生きるにあらず。捨てても誰も困りません。潔く降ろして、身軽になってしまいましょう。

心はなぜか「苦しい自分」に留まりたがる

二つめの執着は、「今の状態に留まっていたい・変わりたくない」という精神状態――〝持続への執着〟です。

ずっとイライラしていたり、誰かのことを、ずっと考えたり、スマホやテレビでダラダラと時間を過ごしたり――。

こうした切り替えの利かない状態が、〝持続への執着〟です。

その特徴は、「同じ反応を続けるようにと、心が働きかけてくる」ことです。

たとえば、イヤな思いをした時に、もし気にしなければ――「ま、いっか」「どうせ忘れるから」と思えれば、いずれ忘れてしまいます。

ところが、心が「待て待て」と働きかけてくるのです。「忘れていいのか？」「ほら、思い出せ」と、囁《ささや》いてきます。

その声に、心が反応してしまいます――「そうだ、忘れてはいけない、反応しなければ！」。その結果、同じ気分に舞い戻るのです。

いったん生じた反応を続けるために、心は〝エサ〟(刺激物)を探します。それが、記憶であり、思考（言葉で考えること）です。思い出したり、あれこれ理屈を考えて、同じ反応を続けようとする。だから、考え込む人、妄想グセがある人、ヒマな人ほど、執着してしまうのです。

人はつい、自分の思いにも理由がある、考える価値があると思いがちです。だけれど、それもまた持続への執着が作り出す「変わらないための理由」であって、大した意味はなかったりします。

人によっては「変われないのは、自分の意志が弱いからだ」と考えたりしますが、真相は、ちょっと違います。そもそも心は執着したがるもの、そのままでいたいものです。これを変えるには、別の作戦が必要なのです。

大事なことは、心の状態を客観的に見ることです。軽いか重いか。重たいなら、ただの執着だと気づいて、潔く抜けることです。

「これは執着だ。放っておくと、ずっと続くぞ」と気づいて、別のことに心を向けましょう。体の感覚を意識するか、楽しいことに時間を使うかです(↓第四章)。「忘れた」と思えることが、最高の収穫です。

ネガティブ思考が持つ奇妙な快楽

三つめの執着が、あるものを無きものにしたい——否定したい、貶《おとし》めたい、消してしまいたいという〝否定への執着〟です。

この執着が自分に向かうと、「自分が嫌い」「自分はダメだ」「生きている価値がない」と、ネガティブに判断し続けます。

他人に向かうと、執拗《しつよう》に人を否定し続けます。相手を責める、裁く、批判する。悪口を言ったり、見下したり、嫉妬したりと、何かと理由を作って否定するのです。

この執着が過去に向かうと、「あの過去のせいで自分は不幸になった」という思いを抜け出せなくなります。

こうして過去を悔やんだり、人を憎んだり――しかし、過去は存在しないし、人は離れた場所で生きていくので、いくら否定しても、現実は変わりません。自分一人が、前に進めなくなるのです。

否定への執着が厄介なのは、快楽があることです――たとえば、怒りを抱えた人は、人を攻撃することで、怒りを解消・発散できるような気がします。

また、慢――自分は人より価値があるという思い（プライド・優越感）を捨てられない人は、人を見下したり、バカにしたり、何かとケチをつけることで、承認欲を満たそうとします。

ただ**これは、承認欲の擬似的満足――妄想による満足にすぎません。**妄想の中で人を否定して快楽を感じているという閉ざされた姿なのです。

これを放置すると、やがては、人を失うか、自分を見失うかです。というのも、他人を否定しても、幸せは増えません。自分には、妄想が増えるだけだし、否定される人たちは、近づかなくなります。

否定への執着は、最終的には、大切な何かを失って終わるのです。


否定への執着に囚われて、自分を否定し、人を憎み、過去を恨んで、どこにも進めなくなった人は、少なくありません。

まったく違う喜びや幸せもあるのに、執着に呑まれて忘れてしまったのです。

否定への重力に囚われた人は、「こんな自分に意味があるのか？」と自問することから始めましょう。**「否定の先に何がある？——何もないじゃないか」「こんなことをしていても、誰も幸せにならない」**と、真剣に自分に語りかけることです。

衝撃の真実――心はあなたの味方ではない

執着という心の状態が、いかに恐ろしい結末をもたらすか、一例を挙げましょう。

ときおり〝自殺〟という哀しい知らせを聞くことがありますね。聞いた人は「なぜ？」と思います。みずから人生を降りる人の心には、どんな執着が生じているのでしょうか。

「否定への執着――自分を無きものにしたいという願いではないか」と思うかもしれませんが、実は違います。

正確には〝持続への執着〟が回っているのです。たとえば、

職場で酷使されて、疲労とストレスが限界に達している。

暴力や言葉で傷つけられて、怒りや苦しみで一杯になっている。

つらい過去を引きずって、新しい人生に踏み出せない。

誰にも必要とされていない。自分は生きている価値がないと思えてくる。

こうした思いは、実は〝持続への執着〟に当たります。心は苦しみを感じている。だけれど、心は、その性質上、留まることを選ぼうとする――。

だから心には、「苦しい今の状況に留まる理由」が浮かびます。「この場所にいなければ」「この毎日を生きるしかない」と思い込んでしまいます。

すべてを一人で背負い込もうと考えます。「自分で解決しなければいけない」「誰にも相談してはいけない」「自分がもっと頑張れば」

未来を前向きに考えることも、できなくなります。「動こうにも、アレがないし」「先のことはわからないし」「どうせ失敗するに決まっているし」

こうした言葉に、実は意味はありません。すべてが、執着する心（持続への執着）が繰り出す理屈（留まる理由）だったりするのです。

その一方で、苦しみは続きます。しんどい。生きることがつらい。だけれど心は、留まろうとする。やがて苦しみが閾値《いきち》に達する。そのとき、ふと「降りる」ことを選ぶのです――。

こうしてみると、衝撃的な真実が浮かび上がってきます。それは、

心は、あなたの味方ではない――ということです。

心は幸せを望んでいません。執着していたいだけです。あなたが苦しもうが、命を失おうが、おかまいなしです。

心は言います――怒りなさい。後悔しなさい。溺れなさい。傷つきなさい。苦しむことが、あなたの宿命《さだめ》です。ワタシ（執着）を捨てるくらいなら、あなた自身を捨てなさい――それが、心が語りかけてくる本音です。

ほとんどの人は、心は自分の味方だと思っています。心が思うことは正しい。心で考えれば、頑張れば、心の声に従えば、きっと正しい方角に運んでくれる――そう思い込んで生きています。

しかし、真相は逆なのです。「苦しい、生きづらい、満たされない。いったいなぜ？」と問い詰めた時に、心はニヤリと笑ってこう言うのです――

「そうだよ、実はワタシが犯人です」

思い出してくださいーーあなたが抱える〝心の荷物〟は、生まれた時はありませんでした。人生の最初から、今の苦しみを背負っていたわけではありません。

ところが、どこかで拾ってしまったのですーー執着という名の重たい心の荷物を。

一度背負った執着は、絶対に降りようとしません。求めて、留まって、否定し続けて、さんざんあなたを苦しめて、ボロボロにしてもなお、背後から「そんな自分を繰り返せ」と働きかけてくるのです。


こんな人生に誰がした?ーーあなたの心です。

いったい誰が望んだか?ーー自分自身の心です。


正確にいえば、執着という名の心の荷物です。

ブッダの次の言葉の真意が、今こそ見えてくるのではないでしょうかーー

生きることには、苦しみ（満たされなさ）が伴う。

その原因は〝執着〟である。執着を取り除けば、苦しみは消える。

ーーブッダ最初の説法　マハーヴァッガ

「しんどい人生」には理由があった！

もう見えてきましたね——私たちの日常を支配している犯人は〝執着〟です。

〝五つの心の荷物〟さえ、執着しているから、いつまでも降ろせないのです。

何かを求めて、心が渇き続けているのは、手に入れることに執着しているから（獲得への執着）。

いつまでも怒りが続くのは、怒りに執着しているからです（持続への執着）。

過去を追いかけたり、他人事を気にしたり、未来を悲観するのは、妄想することに執着しているから（持続への執着）。

慢は、少し複雑です——「自分の価値を認めさせたい」という承認欲への執着（獲得への執着）と、人の価値を判断するクセ——比べたり、見下したりという持続への執着——が、つながっている状態です。

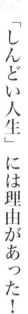

だから、プライドが高い人や、他人を批判する人は、承認欲と妄想（判断）という二つの執着を持っていることになります。

他方、「自分は劣っている」というコンプレックスや負い目というのは、自分へのネガティブな判断を繰り返している状態――持続への執着（維持された心の状態）と理解してください。

孤独感は、さらに複雑です――愛されたい、誰かにいてほしいというのは、承認欲（もっといえば、愛されたいという子ども時代からの願望）から来ている可能性があります。

「他の幸せそうな人と比べて、自分は一人で、みじめだ」と思うなら、過剰な妄想――人を追いかけて、「どうせ自分は」とネガティブに判断するという妄想グセ（持続への執着）があるということになります。

人によっては、貪欲（求めすぎ）や怒りがクセになっていて、人を信用しない、気に入らない、と理由を作って、みずから孤独を選んでいる（でも自分は気づいていない）こともあります。

なお、周囲が自分とは異質の人たち――いじめや嫌がらせ、仲間外れといった、人を傷つける行いを平気でしたり、それを容認したりする人々に囲まれている場合もあります。

この場合の孤独感は、自分の心が原因だとはいえません。むしろ周囲の人々が作っています。

この場合の自分の側の執着は、その異質な人たちに期待を向けることです。しかし、その執着（期待）は、自分を苦しい環境に閉じ込めてしまいます。

改善できることがあるなら、やる価値はあります。理解を求めて、動くこと。しかし、何もできない（変わらない）とわかったら、執着を捨てて、潔く離れることです。

——「しんどい人生」の理由が見えてきたでしょうか。

人が背負う〝心の荷物〟は、それぞれが絡み合って、互いを支える働きをしています。求めすぎるから、不満が募るし、自分が正しいと思い込むから、怒りを感じます。あれこれ妄想してしまうから、過去の怒りが抜けず、孤独感が消えなかったりするのです。

こうして絡みあった心の荷物が、日頃の重たい気分、もっといえば先の見えない日常や人生を作っているのです。

人生を劇的に変える画期的な方法

人は、さまざまな心の荷物を背負っている。
それを降ろせないのは、執着ゆえである——。

それが、ブッダが発見した心の真実です。

執着したがる心は、別の心の荷物を背負おうとする。
だから放っておけば、心はいっそう重くなる——。

たしかに、これも納得のいく説明です。嫌な記憶ほど、アタマから離れない。考えれば考えるほど、答えがわからなくなる——いつも体験していることです。
「まさにこれが、執着という心の状態だ」と言われたら、なるほどと思います。

だけれど、ブッダは、こうも言うのです。

執着という心の状態を、丸ごと抜けてみればよい。

そうすれば、あなたの心は、元にあった自由な状態を取り戻す——。

〝心が、執着状態から、本来の自由な状態に戻る〟とは、さながら〝細胞の初期化〟みたい話です。最新医化学によれば、いろいろな機能に分化していた細胞も〝初期化〟すれば、万能細胞に戻ってしまうとか。そこから別の機能を持った細胞に分化させせることもできるといいます。

この便利な性質は、他ならぬ〝心〟にも当てはまるのです。というより、正確には、はるか二千五百年以上昔に、ブッダは、心についての真実を、はっきり説いていたのです——心は本来自由である。執着さえしなければ、自由な状態に帰る、と。

ということは、**重たい心を軽くする画期的な方法が、ひとつ浮かび上がってきます。それは、執着という心の状態を丸ごと変えてしまうことです。**

心の荷物を降ろせないのは、執着が邪魔しているからです。だから、執着を捨てれば――より正確には、執着という心の状態をリセットできれば、絡みあった心の荷物は、ほどけて、やがて〝無常〟という心の性質に沿って、自然に消えていく――ということなのです。

カギとなるのは、執着という心の状態を変えること――丸ごと抜けることです。

そうすれば、心の自由を取り戻せます。重たい気分は一掃され、過去のイライラ、モヤモヤ、悶々のすべては「チャラ」になります。気分すっきり、「さあ、新しいことを始めよう」と思えてきます。

しかも、心は、自分だけの聖域です。心か軽いか重いかは、あくまで心の状態であって、外の世界は関係ありません。

とすれば、ひとが、どんな場所で、どんな生活をしていようとも、心の自由は取り戻せるということです。

ブッダのこんなメッセージが、聞こえてくる気がしないでしょうか？

人は、いつでも、自由になれる――。

執着を捨てれば、人生が動き出す

どんなに重い心の荷物も、降ろしてゆくことが可能です。ただ、その道を見出すまで、人によってかなり苦労します。

私自身が、そうでした。日本の寺に入っても、これが仏教なのかと疑問が募るばかり。最後は結局、インドに渡ることになりました。

今からお伝えするのは、私自身が〝負の重力〟を振り切って、なんとかインドにたどり着いた先の話です。

人は、一度は執着を捨てるべきなのかもしれません。私もまた、捨てて初めて、人生がようやく動き始めたという経験があります——。

その街にたどり着いた時、もう三十七歳になっていました。

足を踏み入れた街の名は、ナグプール――龍の棲む都《みやこ》という意味です。

この街に、伝説の日本人僧がいると聞いていました。日本で出家したあと寺を飛び出し、タイからインドに渡って、三十二歳から半世紀もの間、この街でひとり活動してきたという変わり種のお坊さんです。

彼がともに活動する仏教徒たちは、〝不可触民〟(アウトカースト)と呼ばれる、インド社会の最底辺に置かれた人々です。つい最近まで、昼間公道を歩くことさえ「不浄だから」という理由で禁止――それほどの徹底的な差別を、三千年来も受けてきた人たちです。

その彼らと寝食をともにし、差別と闘う活動に身を投じている日本人僧がいるというのです。

東京で仕事をしていた三十代の前半に、偶然その存在を、深夜のTVドキュメンタリーで知りました。この人に会ってみたら、新しい生き方が見えてくるかもしれない。いずれは、南アジアの仏教国で出家しよう――そんな思いでやってきたのです。日本に帰る予定はありませんでした。

なんとかたどり着いたホテルのフロントで、そのお坊さんの名前を聞いてみました。

「知っている。有名な人だ」。明日、案内してくれるといいます。

翌朝、ロビーに降りると、白いクルタを身に纏《まと》った、異様に痩せた長身の老人が立っていました。深く窪《くぼ》んだ眼窩《がんか》に、白く大きな目が光っています。病院から脱走した患者に見えなくもありません。

名前は、なんとブッダ――本当の名前だといいます。

老人ブッダは、私をオートリクシャ（自動三輪車）に乗せて、白亜の巨大ドームに連れて行きました。「ディクシャ・ブーミ」という広大な敷地です。

この場所で、一九五六年、インドの不可触民たちが、輪廻とカースト差別を教義とするヒンズー教と決別したのです。

仏教に改宗することで、彼らは、人間としての尊厳を取り返したのでした。

と同時に、ほぼ絶滅していた仏教が、インドで息を吹き返したのです。その歴史的な場所を目の当たりにしたのでした。

その場所で次に紹介されたのは、やたら腹の出た、髭《ひげ》を生やした三十代後半の男性でした。画家だといいます。

老人ブッダと画家の男に挟まれて、何台ものバスを乗り継いで、一日が終わる頃ようやく小さな村落に降り立ちました。まばらに灌木《かんぼく》が生える砂の平地です。白く霞《かす》んだ空の彼方に、赤い夕陽が沈みかけていました。

案内されたのは、画家の男の実家でした。初老の両親が、温かく迎え入れてくれました。その夜は、ご家族と車座になって、床に敷いた葉っぱの上のカレーを素手で食べました。

ようやく知ったことですが、老人ブッダと画家の男は、今日初めて会った赤の他人でした。さすがインドというべきか、当たり前のように一緒にバスに乗って、見知らぬ日本人のために、ここまで遠出して、他人の家に泊まってしまうのです。

夜になると、近所から三人の青年が遊びに来ました。うち二人は兄弟で、地元の学校の教師だといいます。石造りの家の屋上に上がって、みなで話をしました。

はじめて語らうインド人の三人は、とにかく饒舌《じょうぜつ》でした。「順応するな、まずは自分を探すんだ！」とか「悟りの前には辛苦 hardness の限界が必要だ！」とか、自己啓発セミナーの講師みたいなセリフを連発するのです。

君は、なぜインドに来たんだい？——と訊いてきました。

日本では、何をしても失望しか残らなかった。もう行く場所がなくて、思いきってインドに来た、と話しました。

「道を求める者に落胆はつきものだよ」と、一人の青年が言います。

「あまりに孤独だった I was so lonely」と嘆くと、三人とも明るい声で笑いました。そしてこう言ったのです。

「キミは正しい場所に来ている。もう少しで、答えは見つかるよ」

彼の言葉は新鮮に響きました。励まされるということを、もう長い間経験していなかったからです。こんなにリラックスして人と話すのも、久しぶりの気がします。というか、日本であったかどうか、思い出せません。

あたりを見渡すと、夜の帳《とばり》に人家の暖かな灯《あか》りが、ぽつりぽつりと浮かんでいます。

地図上の〝龍の都ナグプール〟は、紙の上の小さな点にすぎません。でも、その点の中に飛び込んだら、こんな出会いが待っていたのです。

しがみついていた自分がバカだった、もっと早く飛び出せばよかった――心から、そう思いました。

最終的に、探していた日本人僧にめぐり逢ったのは、その村からディクシャ・ブーミという広場に戻った後です。これまた見知らぬ、広場の管理人らしき人が、私に携帯を手渡しました。

「今すぐ、きなさい」

それが、伝説の僧侶の第一声でした。

老人ブッダと画家の男に心からの礼を伝えて、オートリクシャに乗り込みました。坂道を駆け下りていく前方に、インドのカラフルな町並みが広がっていました。

第4章

いざ、心を解き放つ道へ

執着を丸ごと脱出しよう

生きづらさ、虚しさ、満たされなさ、憂鬱、孤独感――どんな呼び方をしようと、その思いは〝執着〟によってできている。それが真実です。

だから、執着という心の状態を丸ごと抜けること――いわば、執着という舟から脱出すること。これができれば、心は急速に軽くなっていきます。

今から紹介するのは、執着を抜ける方法の基本です。シンプルですが、実践すれば、効果は抜群。騙されたと思って、ぜひ始めてください。

大きく次の三つに分けて紹介します――。

①感覚に帰る
②妄想をリセットする
③人生観を入れ替える

基本は「感覚に帰る」こと

まず目を閉じたうえで、次のいずれかを行ってください——。

○手のひらを顔の前にかざして〝手の感覚〟を見つめる。そのまま握る、開く。
○静かに呼吸をして〝鼻孔の感覚〟や〝腹部のふくらみ・縮み〟を見つめる。
○歩いている時の〝足の裏の感覚〟を意識する。
○立っている時の〝全身の感覚〟（微妙に揺れていますね）を観察する。

要は〝体の感覚を集中して感じとる〟ということです。これは、執着という心の状態を抜けるための基本です。

一分、五分、十五分、と時間を決めて、目を閉じて「ここに感覚が在る」と（強く念じるように）確かめてください。

やってみると、想像以上に難しいことがわかるはずです。最初は「気づかないうちに、妄想している（妄想していたと後で気づく）」ことが、ほとんどです。

たしかに人は、圧倒的時間を妄想することに使っています。言葉で考えたり、過去を思い出したり、どこかで見た映像や音を思い出したり。その妄想から連鎖して、別の妄想が流れ込んできます。まさに、持続への執着（妄想）の典型です。

こうして人は、あれこれ妄想することで、怒りだの、後悔だの、不安だの、どうでもいい世間の話題や他人事を考え続けて、自由な心にたどり着けないまま、歳月を過ごしてしまうのです。

だから、自由な心を取り戻す最初のレッスンは、妄想を抜けること――そのために〝感覚を意識する〟練習をするのです。

あまり語られていないコツを、ここで明かしておきましょう。それは**「退屈」「きつい」と感じ始めてから、さらに長く続ける（粘る）**ことです。

というのも、執着という心の状態は、変わるまでに時間がかかるからです。ラクに短時間ですませると、心の状態が変わりきらないのです。ちなみに、禅寺では四十分、海外の瞑想道場では一時間が基本です。

始めた頃は、「妄想か、感覚か」の壮絶なバトルになります。ほとんど負けっぱなし――妄想しまくりの状態が続きます。

しかし、焦る必要はありません。「あ、妄想していた」と後で気づくだけでも、成長します。妄想状態がどんなものかが、経験的にわかるので、次第に妄想に気づきやすくなるのです。

妄想に気づいたら「感覚に帰ろう」と肝に銘じます。目を閉じて、手のひらを見つめます。「手の感覚が在る」と確かめます。

「見えているのは、暗がり（目がとらえた視覚）」「今見つめているのは、手の感覚」と、はっきり自覚します。

手をぎゅっと握ります。「握った」と確認します。熱がある。チカラがこもっている。その感覚を凝視します。

開く、握る、開く——を繰り返します。「これは妄想ではなく、感覚だ」と確かめながらです。

さらに、目を閉じたまま、足の裏や、全身の部位を〝見つめる〟ようにします。「感覚が在る、在る、在る」と、妄想に流されないように、一か所ずつしっかり確認していきましょう。

感覚と執着のバトル――最後に勝つのは？

「感覚を意識する」ことが習慣になれば、心の状態は次第に変わっていきます。というのも、執着が続くのは、感覚から離れて、欲か怒りか妄想かで、反応し続けるからです。怒りで反応した心は、次の怒る理由を見つけて、怒り続けます。一度妄想した心は、別の妄想を数珠《じゅず》つなぎで運んできます。

「類は友を呼ぶ」という言い方がありますが、執着は、同じ反応を――欲は欲、怒りは怒り、妄想は妄想を呼んでくるのです。

こうして、同じ反応が数珠つなぎになって〝執着〟という精神状態を作るのです。

しかし〝感覚〟は、執着とは別ものです。心の中の反応は連鎖しますが、感覚は続きません。妙な喩《たと》えですが、「足の裏の感覚を覚えておこう」とか「食べたものの味を十年変わらずに覚えていよう」というのは、無理ですよね。つまり、体の感覚は続かない――執着できないのです。

もうひとつ面白いのは、感覚と執着は両立しないことです。たとえば、体をくすぐられながら難しいことを考えたり、おいしい食事に感激しながらプリプリ怒るのは、無理ですよね。つまり、感覚と執着とは、それくらい異質なのです。

だから、執着を抜けるには、感覚が一番効くのです。感覚をフルに活かすこと――手を握る、開く。大地をしっかと踏みしめる。気をみなぎらせて呼吸する。外の空気に身をさらす。音や光に意識を向ける。

こうした時間に心を注げば、それだけで、執着で固まっていた心は変わってゆくのです。最後に勝つのは、感覚なのです。

雨の日は空気の潤いを感じよう

感覚を意識するためなら、春夏秋冬、どんな天候でも使えます。

たとえば、外が雨だったとしますね。このとき「雨か、憂鬱だなあ」と感情で反応すれば、小さなストレスが生まれます。そのストレスが執着となって残ると、別の何かにイラッとしたり、気が散漫になって失敗したりします。

結果的に、「今日は調子悪いなあ」ということになってしまうのです。元はといえば、「雨」に反応して、憂鬱という心の荷物を背負ってしまったからです。

しかし「感覚を意識して、執着を断つチャンスだ」と思えれば、雨の日は、絶好の機会です。

雨の日に外に出たときは、いっとき目を閉じて（たとえば三秒）、思いきり深呼吸してみます。すると、空気の潤いが体に入ってきます。顔や手の肌に意識を向けると、みずみずしさを感じます。


目を開けば、雨に潤う風景が、視界に入ってきます。

世界に響きわたる、しっとりした音に包まれます。

雨の日特有の空気、潤い、風景、音、匂い――すべてを全身で感じ取るのです。

その瞬間は、執着に耳を貸さないこと。「今は、これ（感覚）だけ」と念じてください。心が鮮やかに蘇っていきます。


私たちの日常は、つねに体の感覚とともにあります。ほとんど気づいていないものですが、それはいつも妄想しているから。実は妄想以前に、体の感覚が、つねにあります。感覚なしで過ごせる時間など、本当は一秒たりとも存在しないのです。

ということは、**考えるより、感覚を意識するほうが、生活や人生の基本**ということです。ストレスや妄想で気が重たい人は、なおさら感覚を意識する生活に、スイッチする（切り替える）ことです。

呼吸する、歩く、動く、食べる、寝る、湯に浸かる――。
日常のすべてを「体の感覚を意識して、執着を断つ」練習に活かすのです。
感覚、感覚、感覚、感覚！

真面目にやれば、短時間で執着を抜けられるようになります。極端な話、「一歩踏み出すだけで、ストレスを完全消去する」ことさえ、できるようになります。
過去も忘れ、怒りも忘れ――仮に誰かとケンカしても、次に会ったときは、「こんにちは」と、笑顔で向きあうことが可能になります。

なお、執着を抜けて、心が自由になると、〝心の眼〟が澄みきって、大自然がそのまま心に入ってきます。だから、大昔のインドでも、出家者たちは、ひとり世界を見つめる時間を大事にしていたのです――。

うるわしい音を奏でながら、雨が降る。
私は気づきを保ちながら、ひとり心を見つめている。
煩わしい思いから離れて、澄んだ心で息をしている。
雨よ、降りたいだけ降るがよい。

――ひとり棲む長老たち　テーラガーター

きらめく星々の輪に飾られた夜は、
道に励む者たちが眠るためのものではない。
静かな夜は、心の自由を取り戻す（悟る）ためにある。

――元隊長ソーナ長老の言葉　テーラガーター

自由な心ほど、爽快で幸せな境地はありません。
ぜひ感覚を人生の味方につけて、軽い心で生きる時間を増やしていきましょう。

#「眠れる自分」から目を覚まそう

執着を抜ける二つめのレッスンは、〝妄想をリセットする〟ことです。すでにおわかりのとおり、妄想こそが、執着を長引かせる最大の原因です。たとえば、

○望んでも得られない苦しみ（獲得への執着ゆえの苦悩）は、「何か」を求めるその妄想が、作っています。
○過去を思い出してつらくなるのは、記憶という妄想に反応するからです。
○「自分は人より劣っている」という思い込みも、自分を否定するクセが残っているから。でも、その判断は、アタマに刷り込まれた妄想にすぎません。
○「この先悪いことが起こるかも」「嫌われたかも」と、悲観したり猜疑心《さいぎしん》に駆られたりするのも、妄想するからです。

妄想、妄想、妄想——三六〇度、どこを向いても浮かんでくるもの、それが妄想です。

とすれば必然的に、心を軽くするには「妄想しない」ことが、不可欠になります。妄想しなければ、見えるものすべてが、劇的に変わります。視界がクリアになり、切り替えが早くなり、悩みの量が激減するのです。

そこで、次の練習にとりかかりましょう——。

「光消しゴム」で妄想を消す

妄想をリセットする基本は、「これは妄想という精神状態である」と自覚することです。

そのために、いったん目を閉じます。目の前の暗がりを見つめて、どこかに妄想が浮かんでこないか、くまなくチェックしてください。

アタマの中の暗がりを、隅《すみ》から隅まで観察して、「ここは暗がり、こっちも暗がり」と確認します。しっかり見つめれば、妄想は出てきません。

ところが、心はスキを見て〝反撃〟してきます。フッと小さな妄想を浮かべてみせるのです。

この瞬間を見逃すと、最初の妄想が、次の妄想を運んできます。わらわらと妄想が増えて、あっという間に占拠されてしまいます。

この「気づかないうちに妄想してしまう」という心の動きこそが、妄想の特徴です。この状態を抜けないと、気分を切り替えることができません。集中できないし、楽しめない。重たい日常を抜けられません。

そこで、妄想していることに気づいたら、**その場で一度、目を開いてください。**

そして、外の光をよく見つめます。「今見ているのは、光（視覚）だ。さっき見ていたのは、妄想だった」と自覚してください。

先ほどの妄想を、外の光で消してしまってください。いわば「光消しゴム」です。

「妄想に気づく」「目を開く」「光を見つめて妄想を消す」のです。

お勧めするのは、**「妄想確認タイム」を、毎日に採り入れる**ことです。

「今、妄想していませんか？」と、自分に問いかけます。目を閉じて、アタマの中をすみずみまでチェックして、妄想がないか確認します。

「あ、妄想していた」と気づいたら、その瞬間にパッと目を開いて、外の光を見つめます。「見ている景色の中に、妄想はないぞ」と言葉にします。

そう、妄想は、外の世界のどこにもないのです。過去も、厄介なあの人も、未来への不安も、孤独感も――それ以外の〝可能性〟だけが、外の世界にあるものです。

明るい世界に目を開いて、妄想をリセットして、新しくなった心でもう一度踏み出す――これができるようになったら、軽快な毎日が続くようになります。

「朝の目覚め」で心をチェック

妄想が減れば減るほど、心が軽く快適に暮らせるようになります。

では、妄想がどれだけ減ったかを測ることは、できるでしょうか？

はい、できます――〝朝、目覚めた時の心の状態〟を見れば、わかります。

朝の布団の中で、心の状態を確認するのです。「起きるのが億劫《おっくう》だ」「外に出たくない」「また仕事か」「あの人に会いたくないな」「例の件、どうしようかな」という思いが残っていたら、まだ妄想が続いているということです。

「整理しきれていない妄想が残っているんだな」と理解してください。

少し話を広げますが、**悩みは、考えるというより〝整理整頓する〟ものです**。仕事のこと、家のこと、その他のこと――現実の課題は、次々にやってきますよね。

その一つひとつは、反応するのではなく「整理する」ものなのです。具体的には、①どう理解するか、②どう動くかの二点を、③言葉にする（言語化する）のです。

たとえば本書でやってきたように、「気分が重たい」と思えば、五つの心の荷物のどれに当たるかを考える。そして「自分が背負っているのはコレだ」「これは執着という心の状態だ」と理解する――これが、①の理解するという作業です。

そのうえで感覚に切り替える――というのは、②の行動に答えを出すこと。

こうして、それぞれを言語化できれば（③）、アタマはスッキリします。

その意味で、すべての悩みは〝整理整頓する〟ものなのです。

朝起きたとき、「気が重い」「ああ、憂鬱」と思ったら、まだ未解決の悩みが残っているということ。「整理整頓が必要なんだな」とだけ理解しましょう。

そして楽観的に、「そのうち片づけられるだろう」と割り切ることにしましょう。

一日は感覚からスタートする

寝起きの妄想は、今後の整理整頓に任せることにして、まずは一日を始動しましょう。起き上がって、「感覚から始める」ようにするのです。

試しに布団の中で、感覚を意識してみてください。手を握ったり開いたり、足の裏を感じたり――「感覚から今日をスタートします」と言葉にしてみます。心の状態が変わるのが、わかるかもしれません。

そこから、妄想ではなく、体の感覚を意識しつつ動きます。言葉で確認（ラベリング）します――起きた！　踏んだ！　歩く！　顔を洗う！――顔の皮膚の感覚を意識します。ぼんやり妄想しないこと！

ほとんどの人は、「早く支度しなくちゃ！（あれやって、これやって）」と妄想しながら一日を始めます。もうすでに〝妄想への執着〟状態なのです（だって、目が覚めたときから、いや昨晩から妄想しているのですから）。

初めからアタマを使うことを急がなくてよいのです。車もエンジンを温めることから始めますね。アタマも同じです。「感覚から始めて、心を始動する」のです。

玄関を出るまで、駅に着くまで、学校や職場に近づくまで——妄想せずに、感覚を意識して、シャキシャキと動きます。歩きながら「右、左」「一、二、三」と、言葉にするのも効果的です。

決まった時間が来たら、考えることに切り替えます。すっきりクリアな心で「さあ、やるぞ！」と入っていくのです。

妄想の被膜をブチ破れ

ひとの心は、歳を重ねるにつれて、妄想に覆われていくものです。

過去が増えていく。小さな不満が溜まっていく。世間の暗い話題や、漠然とした不安が、心を覆い始める。ふと「こんな人生、意味なんてあるのだろうか」と気まぐれな妄想がよぎることもあります。

そのうえ、心は動きたがります。朝から晩まで、夢の中でさえも、何かを考え続けます。道を歩いていても、人と一緒にいるときさえも、別のことを考えていたりします。

妄想が妄想を呼ぶ——こうして心は、妄想に取り憑かれていきます。いつの間にか、妄想を通してしか、外の世界を見られなくなるのです。

いつから、こうなってしまったのでしょうか？——そもそも心に妄想はありませんでした。子どもの頃は、思い出せる記憶も少なく、未来も遠いところにありました。今を生きていればよかったのです。くやしいこと、悲しいこともありましたが、全身で今を生きていたことは、確かです。

ところが、次第に妄想が増えていきました。人の目を気にするようになりました。他人と比べて、羨ましく思ったり、負い目を感じたり。気に入らない相手をアタマの中で裁いたり、見下したりして、自分のことより他人事を語る時間のほうが多くなりました。小さなことで腹を立て、過去を引きずり、明日はどうなるだろうとぼんやり不安を感じるようにもなりました。

朝から晩まで妄想ばかりしています。テレビやネットやＳＮＳが、そんなあなたを全力で応援してくれます。

夢中になるとか、素直に喜ぶとか、心の底から笑うとか、頑張った自分を誇りに感じたり充実感を噛みしめたりという時間が、めっきり減ってしまいました。

いつの間にか、生きている実感が持てなくなりました。まるで世界から隔離されているかのよう——生きているのか、死んでいるのか。生きるとはどういうことかさえ、わからなくなってしまいました。

今、こうした心境にいる人は、こう気づいてください——。

「どうやら、自分は〝妄想の被膜〟に覆われた状態らしい」

そう、完全に妄想に覆われているということです。今の姿はいわば、妄想でできたアメーバ（粘着質の膜）を、全身にかぶっているようなもの。最初に見えるのは、自分の妄想。妄想を通してしか、外を見ることができなくなった状態です。

これこそ人生の大ピンチです。〝覚醒〟せねばなりません。

妄想の被膜をブチ破るのです――。

パッチリと目を開く。手を開く、閉じる。大地を踏みしめる。大気を吸い込む。目を大きく開いて、外の光を見つめる。自分の心、再起動です。

妄想の被膜を突き破って、もう一度、外の世界を全身で感じ取るのです。

歩くもよし、食べるもよし、汗を流すのもよし。カギとなるのは、感覚です。感覚を意識する時間が増えるほど、妄想は減っていきます。

みずみずしい感覚を取り戻せたとき、生きている実感が戻ってきます。

人生は、もっとイキイキしたものです。外の世界がクリアに見える。今、自分は生きている――そう確信できる心を、取り戻しにかかりましょう。

沈むくらいなら、歩き続けよう

ちなみに、私自身も、妄想の被膜に覆われ、半分幽霊のような精神状態に陥ったことがあります。

特に三十代に入ってからは、どん底が続きました。仕事も辞め、日本の寺に入ったものの失望に終わり、東京に帰ってから末期がんを宣告されるという時期がありました。

まったく出口が見えません。ブッダの教えは、まだ遠いところにありました。

三十を過ぎて、家族なし、友人なし、仕事なし――完全な孤独です。まさに〝生きる屍《しかばね》〟状態です。

こんな毎日が、いつまで続くのだろうと思うと、絶望的になってきます。

下手をしたらあと五十年は、この闇のような毎日に閉じ込められるおそれがありました。

部屋にいると、真っ暗な沼に引きずり込まれそうになります。思わず外に飛び出しました――。

今もはっきり覚えているのは、ある夜の巨大な満月です。純白の光を放つ月が、真上に浮かんでいました。地球に大接近したのか、月面が肉眼ではっきり見える気がします。

太陽の光が白い月面に燦燦《さんさん》と降り注いでいました。もし今あの月面に立っていたら、金色の光に溶けてしまうと思えるほどの圧倒的な明るさでした。

その頃から、深夜の街道を歩くことが日課になりました。何を考えるためでもありません。むしろ考えることから、この先の見えない日常から、逃げ出すくらいの勢いで歩き続けました。

何時間歩いたか――やがて空が白み始めて、鳥のさえずりが聞こえてきました。

見知らぬ駅にたどり着いて、始発の列車を待ちました。

「生き延びたなあ」と、ひとりごとを言いました。「今夜も」。こうした夜を何度重ねたか、数えてはいません。やがて、こう思うようになりました――。

「こんな自分をいつまでも生きていたってしようがない」

死を選ぼうというのではありません。単純に、過去の自分に「飽きた」ということです。「つまらん」と心の底から思いました。

インドに渡ることを決めたのは、その後しばらくしてからです。

多くの人にとって、日常は、大して変わり映えのない、心ときめくような出来事の乏しい毎日かもしれません。人によっては、今暮らしている場所は、先の見えない暗い場所なのかもしれません。

そんな日常の中で考えてみるべきは、「もしかしたら、わたしは、自分に飽きているのかもしれない」ということです。

もう同じ自分を長いこと生きて、自分の性格も、価値観も、長所も短所も、ある程度見えてきた。「大体、こんな感じ」――自分を生きるとは、どんなものなのか、割と見えてきた気もしてくる。

そんな毎日が、退屈で、満たされない——とすれば、「自分に飽きた」ということかもしれないのです。

そう、飽きた。このまま生きてもつまらない。

そう感じた人は、この先をどう生きていくか。そこでお勧めするのが〝心の自由をめざす生き方〟です。


過去は要らない。外の世界も当てにならない。

執着まみれの自分も、こだわるほどのものでもない。

これからは、何も背負うものがない〝心の自由〟をめざして生きよう。


いっさい重さのない、解放された心境を、人生のゴールにすえて、〝新しい自分〟を生きてみるのです。

「古い自分」を置いてゆく

自由な心は、退屈しません。心に何も背負わないから、何をするのも新鮮だし、過去という妄想を見ないから、〝今だけを生きる〟ことが可能になります。

その心境に近づくために実践するのが、感覚に帰ること。妄想の被膜をブチ破ること。ひたすら歩き続けることです。

これは、実は古来の出家者たちが、実践してきた生き方です。禅の世界に、こんな言葉が残っています――

歩々即一《ほほそくいつ》――踏み出す一歩一歩が、今あるすべてである。大地を踏みしめて、己を抜け出せ。

前後裁断《ぜんごさいだん》――過去もなく、未来もない。時間という名の妄想を断ち切れ。今だけが真実だ。

かつて心の自由をめざした人々は、歩きに歩いて、妄想を、古い自分を、全力で捨てにかかったのです。

あなたも〝出家〟することは可能です。それは、日常を捨てることではなく、「飽きた自分」を捨てることです。「どんな場所で暮らそうと、わたしは〝心の自由〟をめざして生きるのだ」と、自分に宣言するのです。

暗い妄想に呑まれそうになったら、外に飛び出してください。自然は一時《いっとき》たりとも、留まっていません。いつでも新しい姿で迎えてくれます。暑くても、寒くても、全身で受けとめることです。肚《はら》を決めて、一時間でも、二時間でも、歩き続けてみるのです。

妄想を突き抜けて、心を全開にして今を生きる――。

それが、最も強くて自由な生き方です。

自由になった心に、退屈はありません。

永久に飽きることのない境地――心の自由――それが、自分に飽きた人がめざすべき、新しいゴールなのです。

第5章

人生観をひっくり返す

捨てなければ、始まらない

「心の自由を取り戻そう」――その言葉に「いいな」と一時的に共感しても、日常に戻ると「やっぱり執着してしまう」という人は、大勢います。

「やっぱり求めてしまうし、怒ってしまうし、妄想してしまう」と言うのです。

しかし、「してしまう」という言い方は、フェアではありません。正直にいえば、執着に負けているのです。

つまり、本人の言葉とは裏腹に、心の本音は「執着していたい」「変わりたくない」のです。

とはいえ、そのままでは憂鬱が続きます。だから軽くしたいと思うのです。だけどやっぱり執着してしまう……こうして多くの人が、自由と惰性の狭間《はざま》で揺れ動いて生きていきます。

執着し続けるか、心の自由を得るか――究極のところ、人生は二者択一なのです。

執着し続けるより、心の自由をめざすほうが、より快適な人生の可能性が開けます。その意味で、執着を抜けようと努力することは、確実に正しい生き方です。

執着を抜けるには、感覚を意識して、妄想をリセットすること。そして、もうひとつ、欠かせない条件があります。

それが〝人生観を入れ替える〟ことです。

人生観を入れ替えるとは、人生の動機――自分の人生、コレがあるからヨシとするという〝納得の根拠〟――を改めることです。

思えば多くの人が、承認欲だけでなく、金銭欲や出世欲、色欲などの欲望を、人生の動機にしています。ただ、そうした動機で生きてみても、満たされることは、あまりありません。

プライドが高い人は、何歳になっても、どんな地位を得ても、プライドが高いまだし、お金に執着する人は、いくら稼いでも、まだお金を欲しがります。

すでにお伝えしたとおり〝獲得への執着〟は、そういうものだからです。

また、なんらかの理由で怒りを抱えている人も、怒り続ける理由――過去や親や世間や自分自身など――を妄想して、長い月日を経ても、なお怒り続けます。

執着し続ける人生は、永久にゴールが逃げていくマラソンを走っているようなものです。どこまで走っても、「これでヨシ」というゴールにたどり着けないのです。

途中で寿命が来て亡くなる人もいるし、うずくまる人もいます。

「もうイヤだ、棄権します」と言おうとしても、そのコース以外に道があるかを、誰も教えてくれません。周りの人もみんな、終わりのないマラソンを走っているからです。

「もういい加減、休みたい」「新しい人生を始めたい」

そう訴える人に、ブッダが指し示すのが、〝心の自由をめざす道〟です。

その道の最初のステップは、「執着を断ち切るために歩き出そう」（感覚を意識しよう）ということ。第二のステップは、「妄想を突き破ろう」ということでした。

そして第三のステップが「人生観を入れ替える」こと――具体的には、次の四つの心がけに立つことです。

四つの心がけで人生が変わる

今からお伝えする四つの心がけは、いわゆる「仏教」の根本教義とされています。

ただし、その中身を冷静にたどると、これは、自由な心を手にするため、よき人生を生きるために、欠かせないものだとわかります。

特に、この世の中で生きる限り、人との関係が欠かせません。家族、職場、学校、地域、社会――どこまでも、人との関わりを避けることはできません。

しかし、その関わりに執着を持ち込むと、途端に世の中は、ギスギスと軋《きし》み始めます。日頃、痛感していることですよね。

人との関係を円滑に進めるために、基本となる心がけは何か？

どんな思いで入っていけば、人との関係がうまくいくのか？

その問いに答えてくれるのが、次の四つの心がけです――。

○慈しみ――相手の幸せを願う心がけ。「幸せでありますように」
○悲《ひ》の心――相手の悲しみ・苦しみを感じる心がけ。
○喜《き》の心――相手の喜び・楽しさを感じ取る心がけ。
○捨《しゃ》の心――反応しないニュートラルな精神状態を保つこと。

慈しみ――人よ、幸せであるように

慈しみmetta《メッタ》とは、幸せを願うことです。めざすべきは、幸せであって、苦しみではないという人生のゴール（方向性）を確認することです。

自分については、「幸せをめざします」という決意になります。方向性を定めるという意味で、仏教では〝決定《けつじょう》〟と呼びます。

自分以外の人については、「あの人が幸せであるように」「幸せでいてくれればいい」という願いになります。

なぜ「幸せであるように」と遠回しに願うかといえば、執着しないためです。

そもそも自分以外の他者には、何も執着できません。執着すると、相手の自由を奪ってしまいます。期待どおりに動かない相手に不満を感じたり、「あなたのため」

「愛しているから」といいつつ束縛したりしてしまいます。

家族、子ども、友人など、身近な相手ほど、この種の失敗をしがちです。

だから、あえて「幸せであるように」と遠回しに願うのです。この〝執着せずに願う〟ことを、仏教では〝誓願《せいがん》〟と呼びます。


慈しみは、純粋に人の幸せを願うことであって、そこに執着は入りません。慈しみの中に、「あの人は嫌い」という感情や、「こうしてくれたらいいのに」という期待はありません。

ひとは気づかぬうちに、都合のいい妄想を膨らませて、「こうあってほしい」と要求したり、「あの人はここがダメ」と判断しがちです。これが執着です。

しかし真実は、「ひとの人生は、人のもの――自分は何ひとつ執着できない」というものです。人それぞれに思いがあり、人生があります。そもそも自分とは関係がないのです。執着するほうが、おかしいのです。

これは、家族、友人、異性など、すべての身近な人に当てはまる真実です。

今付き合いのある人たちは、みずから望んで、いてくれるのです。誰一人、こちらの持ち物ではありません。そばにいようが、離れていこうが、彼らの自由です。

つまり、今関わっている人たちは、自分にとって〝授かりもの〟ということです。もともと自分とは関係なく、自由に生きている（生きていい）人たち――その人たちに向けていい思いがあるとしたら、執着ではなく、「せめて幸せであるように」という慈しみなのです。

この願いを、この世に生きるすべての命に向けた時に、「生きとし生けるものよ、幸せであれ」sabbe《サッベー》 sattā《サッター》 bhavantu《バワントゥ》 sukhitattā《スキタッター》という言葉になります。

この言葉を、仏教の世界では、二千五百年以上にわたって、心の底から願い続けてきました。それを生き方（修行）としてきたのです。

慈しみは、ただの言葉やおまじないでは、ありません。**人間は、幸せになることが大事。すべての人は幸せでいてほしい。この世界は、苦しめ合うためにあるのではないし、わたしは苦しみで終わるために生きているのではない**――という強い決意の言葉です。

もしあなたが、誰かとすれ違って別れてしまったときは、頑張って「あの人が幸せでありますように」と願ってみてください。

心から慈しみを願った時、相手へのさまざまな思い（執着）が消えていくことを感じるはずです。慈しみは、自分自身を自由にしてくれるのです。相手が自由になって、自分も自由になる――その本来の姿に戻ったということです。問題なし――そこから、再び自由な心で歩き出すのです。

誰もが苦しみを抱えていることを忘れない

悲の心karuṇā《カルナー》とは、人の悲しみ・苦しみに共感する心です。

誰かが苦しんでいたら、「苦しんでいる」と理解できること。悲しんでいる人がいたら、その悲しみを感じとることです。人の感情をそのまま感じること――共感であり、思いやりです。

たとえば、誰かと喧嘩したとしますね。もし自分の考えに執着すれば、自分が正しい、相手が悪いという思いが出てきます。その感情に相手も反応して、いっそう距離は遠ざかります。

正しいのは「このままでは良くないな」と思えることです。「執着しても始まらない」と考えられること。そのうえで悲の心に立って、相手の気持ちを思いやって、「相手はどんな気持ちでいたのだろう」「相手も苦しんでいる」「苦しめてしまったな」

と、考えてみるのです。

相手の苦しみを理解しようと思える人は、自分の思いにこだわらなくなります。

求めすぎたり、自分の正しさにこだわったり（慢）という執着を、手放しやすくなります。これも、自分の心を自由にしてくれます。再び相手に近づく（やり直す）ことも、可能になるかもしれません。


悲の心を、外の世界に広げてみます。すると、この世に生きるすべての人々が、さまざまな思いを抱えて生きていることが見えてきます。

苦しみと無縁で生きている人など、ごくわずかです。それでも、この世界で、一生懸命生きています。〝頑張っている〟のです。

そうした人たちに悲の心を――最大限の敬意《リスペクト》を向ける。

それが、本来の人間の姿ではないでしょうか。

人の喜びを感じて元気になろう

喜の心 muditā《ムディター》は、人の喜びを、そのままわが喜びとして感じる心です。

相手が笑うと、こちらも笑えてくる。楽しそうな人を見ると、こちらも楽しくなってくる。こうした共感が〝喜の心〟です。

喜の心も、育てることが可能です。たとえば、楽しそうに歩いている人たち、公園で遊んでいる子どもたち、じゃれたりご飯を夢中で食べたりしている動物を見かけて、「あ、喜んでいる」と気づくようにします。

「よかったね」「楽しいね」と、心の中で声をかけます。すると自然に、自分の中に喜びが生まれます。

ちなみに、心に強い執着があると、他人《ひと》の喜びに共感できなくなります。むっつりと不機嫌だったり、別のことを考えて「心、ここにあらず」になったり。笑っている人を見て、なぜか癪《しゃく》に触ることさえあります。

これは、いい状態ではありません。「やばいな」（危うい）と自覚しましょう。

心は本来、「素直に笑える」状態が基本です。それが難しくなった人は、「わたしは何に執着している？」「どんな心の荷物を抱えているのだろう？」と自問して、自由な心を取り戻す練習を始めてください（本書全体が、その練習メニューです）。

そして、にっこりと笑ってみること。表情を変えれば、感情も変わるというのは、よく言われている話です。

心が自由になるにつれて、人の喜びに素直に共感できるようになります。
心が本来持っている、若々しくて健康な状態が戻ってきます。

幸いなことに、この世界には喜びが満ちています。
咲き出した春の花や、新緑の枝葉や、雨に洗われてホッと息をついている街路樹にさえ、喜びを感じることは可能です。

この世界に溢れる喜びに共感し続けるだけでよいのです。
広い世界が続く限り、喜びは永久に入ってきます。

「無理しなくていいんだよ」

捨の心 upekkhā《ウペッカー》とは、ニュートラルな精神状態を保つことです。感情で反応せずに、落ち着いて、ただ見ているだけの状態です。〝中立心《ちゅうりつしん》〟と訳すことにします（古い仏教では〝無関心〟indifferenceと訳されますが、本来の意味を正しく伝えきれない表現です）。

中立心＝捨の心に、重さはありません。いちいち反応しないし、怒らないし、落ち込まない。心の荷物を背負わないままでいられるのです。

物事がよく見えるし、集中できるし、ムダな反応をして消耗しないというメリットもあります。

中立心こそが、実は、最高に幸せな心境なのです。

多くの人は、特別な自分でいたがります。できれば人に賞讃される、誰に対しても胸を張れる、立派で輝かしい自分でありたいと考えがちです。

そうして執着することで、何かを手に入れようと焦って、勝つことにこだわって、落ち込んだり腹を立てたりして、重たい日常を生きているのです。

だけれどそれは、特別な自分という妄想を追いかけている状態——獲得への執着です。正直、労多くして益の少ない、無駄の多い生き方なのです。

ニュートラルでいられる自分こそが、本当の自分です。特別な何かを求めるより、自分がなすべきこと・できることを、ちゃんとやる。心を尽くす。集中する。

地に足をつけて、きちんと作業を積み重ねるので、客観的に見れば、はるかに生産的で、前に進めます。

勝つか負けるかという俗な言葉を使うなら、「なすべきことを、ニュートラルな心でやる」人が、結局は勝つのです。

なすべきことに専念するのに、ムダな反応は要りません。だから、アスリートも、格闘家も、職人も、一流とされる人たちは、みんなニュートラルです。

ニュートラルな心は、執着とは無縁です。それゆえに自由であり、自分の人生を最大限に活かすことが可能になります。

案外、「フツーの自分が一番」ということです。

自分を大きく見せなくていい

これまで漠然と、人生は変えられない、ストレスも、不安も後悔も、この孤独感も、すべてを背負ったまま、重たい日常を生きていくしかないんだ――そう思っていたかもしれません。

しかし、そんな思いこそが〝執着〟という心の状態から生まれていたのです。

もし執着を手放せば――心の状態を丸ごと変えてしまえば――すべては、ひっくり返ります。自由な心が戻ってきます。

そのために欠かせないのが、人生観を入れ替えること――新たな心の土台に立つことです。そのひとつが、慈・悲・喜・捨の心がけでした。

ただもうひとつ、自由な心を取り戻すために、欠かせない思いがあります。

それが〝つつしみ〟です。

頑張るほど失敗する「逆説」に気づく

ある会社経営者の男性（三十代半ば）は、部下との関係に悩んでいました。自分が短気な性格で、つい癇癪《かんしゃく》を起こしてしまうというのです。社員が次々に辞めていく事態に危機感を覚え、自己啓発の本を読んで、セミナーや講演にも通って、状況を改善しようとしました。「これだ！」と手応えを感じることも、しばしばあったといいます。

しかし、そんな手応えとは裏腹に、職場に戻ると、やっぱり怒りを爆発させてしまいます。「つくづく自分がイヤになります」と嘆きます。

こうした人が注意すべきは、自分自身の〝執着〟です。胸の内で繰り返している思いは何かを、確認するのです。

この人が繰り返しているのは、「会社を成功させたい」「ひとかどの人間になりたい」という激しい上昇欲でした。いわば、承認欲にもとづくイイカッコ願望です。

これに加えて、短気な性格――すぐ怒りを爆発させてしまう心のクセも続いていました。そのうえ「自分は変わらなくていい、その必要はない」と思っている節がありました。いわゆる〝慢〟です。「自分は上に立つ人間だから、怒るのも仕方がない」と考えている様子でした。

心の荷物でいうなら、成功願望は、求めすぎ――つまり獲得への執着です。怒りっぽい性格と、自分は正しいという思いは、怒りと慢――これらは、持続への執着に当たります。

男性の心は、執着まみれです。こんな状態でうまく行くはずがありません。「しんどかったはずですよ」と言うと、「そりゃキツかったです」とこぼします。

もし事態を改善したいと願うなら、執着を手放すことが、欠かせません。欲と怒りと慢と――これらを一気に降ろすには〝つつしみ〟が効くのです。

つつしみ＝謙虚さとは、自分に都合のいい妄想を解除することです。

イイカッコ願望とか、身勝手な怒りとか、自分は正しい、怒るのは当然だという思いのすべてを、ムダな心の荷物だと自覚して、すべて降ろすこと。〝等身大の自分に戻る〟ことです。

等身大の自分とは、別に過剰に謙遜したり、卑屈になったり、負けを認めることではありません。単に「自分は正しい」「怒るのは当然だ」という思い込み――自分に都合のいい妄想――を解除することです。

等身大の自分は、どんな姿になるかというと〝ニュートラルな心境で、自分にできること・なすべきことをやるという必要最小限度の自分〟になります。

いちいち大きく見せようとしないし、自分の思いを押し通そうと無理することもなくなります。周囲のことを、とにかく「よく理解しよう」と心がけます。

いわば、必要最小限度の「小さな自分」に留まることです。

つつしみは〝心の燃費〟を大幅に下げます――素直にして、ニュートラル。無駄がない分、周囲の状況がよく見えるし、アタマの回転も速くなります。

ストレスなく、最大限の成果を上げることが可能になるのです。

「小さな自分」で人生のムダを減らす

つつしみは、育てることが可能です。たとえば、こんな方法があります――

一、目を閉じて、アゴを引く。

二、自分の心を見張る。「自分が正しい」「相手が悪い」という思いがあれば、「慢に執着している」と素直に認める。

三、全身の感覚を確かめる――「これが等身大の自分」と確認する。「小さく、小さく」と念じてみる。

「小さく歩く」ことも、きわめて効果的です。人はつい虚勢を張って、自分を大きく見せたがります。だけれど、それが余計な心の荷物を背負うきっかけになってしまいます。

ムダのない自分を保つために、アゴを引いて、足元を見て、歩幅を小さくして、「小さく、小さく」歩くようにするのです。

これらを、心の自由を取り戻す練習として、日々繰り返すようにします。

私自身も体験ずみですが、驚くほど、心のムダがなくなります。

いつも素直で、心が軽い。気持ちは若くいられるし、アタマの回転も速くなります。まるでシェイプアップに成功した体のように、心が動き出すのです。

ひとはみな、関わりの中を生きています。その点で覚えておきたいのは、「人間はみんな、それほど器用ではない」ということです。

相手に期待や要求を向けすぎるから、小さなことでも腹が立ってしまうのです。

もちろん、人それぞれに至らぬところはあるものです。しかしそれは「お互いさま」です。不器用で小さな個人が、互いにフォローして支え合っているから、この世の中は回っているのです。

だから、都合のいい妄想を広げて、自分ひとり調子に乗ったり、一方的に責め立てたりしないように気をつけたいものです。「人それぞれに事情がある」「みんな、悩みを抱えながらも頑張って生きている」——そう考える人になりたいものです。

その後、久しぶりに会った経営者の男性は、「つつしみという言葉の意味を、ずっと考えていました。まだわかったとは思いません」と、正直に語っていました。

「ですが、人を裁くクセに気をつけて、〝君の言うことも理解できる〟と言うようにしたら、手を焼いていた部下の反応が変わって、びっくりしました」とも言っていました。

「小さく」身を構えるだけで、新しい可能性が入ってくるという一例です。

「心の土台」で人生は丸ごと変わる

こうして見ると、慈・悲・喜・捨の心がけと、つつしみは、執着とは完全に異質であることが、わかります。

執着は、心を重くします。しかし、つつしみに立って、自分を小さく保ち、慈・悲・喜・捨の思いで、外の世界に向き合えば、その心は最大限に軽くなります。

だから、これらの心がけを、心の土台に——新しい人生観に据えれば、人生は根底からひっくり返っていくのです。

先ほどの例でみたように、承認欲に駆られた人は、カッコつけたり、人にマウントを取ろうとしたりして、周囲と軋轢《あつれき》を生んでしまいます。また、自分が正しいと思い込んだ慢の人は、自分の意見を主張するばかりで、人の話を聞きません。

こうした人は、いつも「自分、自分、自分」です。本人に自覚はなくても、その心はすでに、ムダな荷物を背負い過ぎた、きわめて重い状態になっているのです。

この人がもし、「もっとラクな自分になりたい」と決意して、つつしみと、慈・悲・喜・捨の思いに立てば、向き合い方は一変します。

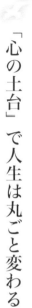

まず、「素直に、小さく」を心がけるので、聡明さが戻ってきます（つつしみ）。

周囲の人たちが心地よくいられるようにと気を配ります（慈しみ）。

誰かが苦しんでいないかと見渡して、声をかけます（悲の心）。

楽しそうな姿・頑張っている姿を見て「よかった」と思います（喜の心）。

そしてフラットな心で、自分の役割に専念します（捨の心）。


文字どおりの別人です。周りも目を見張るかもしれません。心の土台を入れ替えると、自然に自分のあり方が変わっていくのです。周囲の空気も変わります。未来も、人生そのものも、プラスの方向へ大きく変わっていきます。

「そうはいっても難しい」というのが、正直な感想かもしれません。でもその感想さえ、執着する心が作る妄想だったりするのです（！）。

「難しい」は執着の声だと思ってください。耳を貸しても、始まりません。

これから時間をかけて、〝心の土台を入れ替える〟練習を重ねてゆきましょう。

次第に、心が素直に、自由度が増していくことに気づくはずです。

人生が「ひとすじの道」になる時

心の土台（人生観）を入れ替えれば、人生は大きく変わります。

そのことを、私自身が強く実感したのは、インドに渡った後でした。

日本で居場所を失った私は、インドの大地に足を踏み入れました。文字どおり、崖の向こうの真っ暗闇へ飛び降りる心境でした。

出家して最初に授かったのは、「おまえの人生は、おまえだけのものではない」という言葉。そして、慈しみを願うという仏教の教えでした。

胸の奥に置く思い――心の土台――が、どれほど人生を左右するか。

そのことを最初に体験したのは、インドでのある日のことでした――。


日曜の昼下がりに、見知らぬ青年が訪ねてきました。現地の言葉で、どうやらバイクに乗れと言っているようでした。インドではよくある話です。

バイクの後部座席にまたがって、一時間近く、平原の中を走り続けました。

急に小さな村に飛び込みました。狭い路地を走り抜けると、広い空き地に出ました。待っていたのは、ラケシュという二十代の青年でした。

ラケシュは、仏教の聖地であるブッダガヤに向かう車に、偶然同乗していた若者です。

車の中で「今度生まれ変わっても、もう一度農民として生まれたい。僕は農民のために生きたいんだ」と語っていました。人のために生きたいという人を、私は生まれて初めて見る思いでした。

その青年が、村のイベントに呼んでくれたのです。

ラケシュたちは、村に青年団を作って、インド社会を変える活動を始めていました。今日のイベントは、その一環です。村の子どもたちを集めて、教育キャンプを開いていたのです。仏教の勉強会と、クリケット（野球に似たイギリス発祥のスポーツ）大会と。私も、日本について話をしました。

ランチタイムが始まると、子どもたちは嬌声をあげながら、一斉に地べたに座り込みました。列十メートルくらいの正方形を作った子どもたちに、給仕係の青年たちが、ご飯を配ります。緑の棕櫚《しゅろ》の葉を敷いて、その上にご飯を載せて、手づかみで食べるのです。

私は、カレーを配る係を引き受けました。

子どもたちは、日本人の坊さんということで、興味津々に目を光らせています。

この子たちの大半は、カーストでいえば最底辺の、貧しい農家の子どもたちです。インドの農家は、地主と中間業者に搾取される小作農が、ほとんどです。

この夏も、綿花を育てる農夫が、地代を払えず一万人自殺したと報道されていました。

ある小学生の女の子は、「おまえ（不可触民）がいると、教室の空気が汚れるから、お清めだ」といって、教師から壺に入った牛の尿を頭にかけられたといいます。

こんな義憤に駆られざるを得ない事件が、この地では頻繁に起こります。

今目の前で瞳を輝かせている子どもたちも、やがてはインド社会の過酷な現実に気づくのです。

正直、私はうろたえました。自分は日本を捨てた身の上です。ただの出家であり、外国人。差別と闘うどころか、この地では立場も、仕事も、お金も、何ひとつ持っていません。

まだ日本で働いていた頃のほうが、多少は役に立てたように思います。今の自分は、社会から離れた何者でもない存在でした。

せめて自分にできることをと、大きなカレー鍋を抱えました。左手に鍋、右手におたま——「はい、ジャパニーズ・カレーだよ」といいながら配っていきました。心の内は、無力感と情けなさで一杯でした。

そんな胸の内を、子どもたちは知る由もありません。無邪気にサンキューと言って受け取ってくれます。

このとき私が心がけたのが、ブッダに学んだ〝慈しみ〟でした。

「君が幸せであるように」

「この子の未来が、幸せでありますように」

心の底から念じつつ、目の前の子どもたち一人ひとりに、カレーを配っていきました。

すると――自分の中で不思議な感慨が湧いてきたのです。

生まれて初めて感じた、深いやすらぎ――でした。

そのとき思ったのです――なんだ、この思いで生きていたなら、日本を飛び出す必要などなかった、と。

なぜ自分は、あれほど長い間、苦しみを抱えてさまよったのか。なぜどの場所にも、違和感と失望を感じて飛び出してしまったのか。

その理由が、ようやく見えた気がしました。

私は、人生の目的を完全に見失っていたのです。いつの間にか、怒ることが正義だと思い、人に勝つことを目標にし、小さく利己的な生き方をするようになっていたのです。

自分が納得のいく生き方とは、どういうものか――その答えを、まるで知りませんでした。そんな自分が間違っているという発想さえ、ありませんでした。

私は――何も見えていなかったのです。

この地でめぐりあったのは、厳しい現実の中で、それでも社会をよくしようと、できる限りの小さなことを行動に移す人たちでした。

彼らには、かつての自分が失っていた、情熱と希望と優しさがありました。

その時、もうひとつ湧き上がってきたのは、「この生き方で間違いない」という確信のようなものでした。

この先の人生、慈しみに立って生きていくかぎり、間違えることはない。

ブッダが教えてくれた、この新しい道を、これからずっと進んでいこう。

――そう誓いました。

この村の人々とは、今もつながっています。あの日出会った青年たちとは、その後、正式な幼稚園と小学校を作り、今も私はインドに帰るたびに、この村を拠点に活動しています。

思えば、あの頃からようやく、私の人生は、〝ひとすじの道〟になった気がします。

第6章

「現実の檻」を抜け出そう

外の世界から自分を守る

心の自由をめざすなら、外の世界に答えを求めない（当てにしない）ことです。

というのも、この世界は、執着することを価値として作られているからです。

そうした世界に生きても、心は自由になりません。これまで生きてきて、心満たされなかった人たちは、この先は、新しい価値に立って生きていかねばなりません。


新しい答えは、すでに見えています――心の状態こそが、人生の価値を決める。

執着から解き放たれた自由な心こそが、最高の価値である。


心の自由という最高の価値を手に入れるために、この世界にあって、心をかき乱されない方法を、身につけることにしましょう――。

自分と外の世界の間に線を引け

まず、自分の心と、外の世界との間に、しっかり境界線を引きましょう。

自分と他人は違う。自分と外の世界は、まったく異質である。そう考えるのです。

ブッダは、こんな言い方をしていました――

では、こう心がけよう――。

人は嘘をつくかもしれないが、私は嘘をつかないように努めよう。

人は悪く言うかもしれないが、私は正しい言葉を語るようにしよう。

人は高慢になるかもしれないが、私は謙虚でいるように努力しよう。

――若き修行者への諭し　マッジマ・ニカーヤ

これは、他人事に首を突っ込むことが大好きだった若い修行僧を諫《いさ》めた言葉です。

「自分と他人は別」という明確な線引きを語っています。言葉だけなら簡単ですが、日常レベルでこの線引きができている人は、多くありません。たとえば――

親が、何かと理由を見つけては、年頃の子どもの部屋に入ってくる――こういう親は、線引きができていません。

息子夫婦と同居する両親が、家事や子育てに口を挟んでくる――この両親も線引きできていません。

子どもの行動や進路に、「あれはいいが、これはダメ」と口うるさく干渉してくる親も、線引きができていません。

やたら自己主張が強く、「ねえ、どう思う？」と周囲を巻き込み、同意されれば悦に入り、反応が思わしくないとヘソを曲げる――こういう人も、線引きできていません。

自分と関係ない人のこと――職場の同僚、近所の人、テレビで見かける有名人などを、好きとか嫌いとか、どこが良いとか悪いとか、やたら論評する人も、線引きができていません（ここまで入れると、ほぼすべての人が当てはまるかもしれませんが）。

線引きしていない本人は、なんの問題もない、と思っています。

しかし、このままでは、いくつかの弊害が出てきます。

ひとつは、正常な人間関係を作れなくなることです。正常とは、互いにストレスがない関係のこと。家庭なら、それだけで十分だし、職場等であれば、ストレスがなく、それぞれの仕事に専念できる関係が、理想です。

ところが、線引きができない人間が一人入ると、その場所の人間関係は、途端に歪んでいきます。過干渉な親、周囲を巻き込む自己中心的な人、マウントを取って、従わない人を排除しようとする人がいると、周りの人は、心の自由を制約されて、ストレスを抱え始めるのです。

また、線引きできない人は、他人事を追いかけて、あれがおかしいとか、許せないとか、一人で不満を募らせます。結果的に、周囲から敬遠されて孤立することもあるし、ふとした機会に不満を爆発させて〝自滅〟することもあります。

結果的にどうなるか――自分都合の欲と怒りと妄想と慢と孤独と――なんと、心の荷物を一人抱えた姿になるのです。

こうした姿は、本人にとっても、周りにとっても不幸です。

自分と他人の間に明確な境界線を引く――というのは、自分が余計な荷物を背負わないために、また人間関係を円滑に進めるための基本なのです。

余計なストレスを互いに背負わないために、こんな言葉を使いましょう。

「人は人であり、自分は自分」
「他人はそうかもしれないが、わたしはこうしよう」
「これが、わたし（にとって）の真実だ」

お勧めするのは、他人を「ひとさま」と呼ぶことです。

「ひとさまのことだから」「これはひとさまの領域だけど」と考えてみるのです。

すると、人に敬意を払いつつ、上手に線を引けます。

線を引くことで誰が得するかといえば、自分自身です。他人事に首を突っ込まず、それゆえに振り回されず、つねに自由な心を保てるようになるのです。

死に物狂いで脱出すべき場所もある

ちなみに、私が目撃する〝苦しみに満ちた家〟には、線引きできていない親がいることが、ほとんどです。親の期待、要求、指図、干渉、その他あらゆる〝支配〟によって、子どもが身動き取れなくなっているのです。こうした家は、驚くほどたくさんあります。

大人であれば、訴えることも可能です。しかし子どもにとっては、家が唯一の生活の場所です。家を離れては生きていけないから、どんなにその場所が重くても、留まるしかありません。

どこかで変わるきっかけがあればよいですが、多くの家庭で、時間が止まってしまいます。十年、二十年と経って、まだ親に支配されて、子どもの時間は止まったままという事態が起こります。

この事態を作っている執着は、二つです――ひとつは、親の側の「自分は変わらなくていい」という執着。もうひとつは、子どもの側の「この家しか居場所がない」という執着です。いずれも凄まじい力を持っています。

止まった時間を動かすには？――いずれかの執着をほどくしかありません。死に物狂いで脱出せよ――どちらからでもいいから、その執着を手放せ、というのが、私からのメッセージです。

これも多くの家で目撃することですが、子どもは、どうしても親の愛情を求めてしまうものです。愛されたいし、わかってほしい。できれば、仲のよい親子でいたい。そういう子どもの側の執着にあぐらをかいて、親のほうは、一方的な執着を子どもに向けてしまいます。子どもの勉強、進路、職業、結婚、その他あらゆることに口を出していいと思い込んでいるのです。

こうした親は、だから無反省です。自分が正しいと信じて疑いません。

他方、こうした親に、子どもは執着します。親の言いなりになって、親の執着の中で——つまり家の中で、生き延びようとしてしまいます。

ですがこれは、完全に〝執着の罠〟なのです。心が自由にならないと、本当の人生は始まりません。

親が変わらなければ。

子は自分の人生を生きなければ。

執着に縛られたままでは、何も始まらないのです。全力で脱走しなければ——。

どこかで飛び出す勇気を——強く、生きてください。

世間という「妄想共同体」を脱出しよう

多くの人は「世間」を、やたら気にします。

ご近所、組織、学校、親戚など、自分が帰属する場所で、周囲の人にどう思われるかが、重要な意味を持つのです。

できればヘンな噂は立てられたくないし、イイ人と思われたい。

そのくせ、自分も相手のことを、あれこれ詮索したり噂したりしています。

人にとって一番切実なのは、世間体――世間にどう思われるか――なのでしょう。

ずいぶん気が滅入る話です。「こんな生活は、もうイヤだ。誰の目も気にせず、自由に生きたい」と、思えてくるのも当然です。

煩《わずら》わしい世間から自由になるには、どうするか。ブッダに聞けば、こんな答えが返ってきます――。

刷り込まれた価値観に気づく

最初に、ある女性の話から——「わたしの仕事は、汚れ仕事ですから」と語る女性と出会いました。

仕事の中身を聞くと、まったく汚れてなどいません。たしかに人が羨むような（こうした喩えをあえて使えばですが）、仕事ではないかもしれません。でも本人が卑下するような職業でもありませんでした。

ちなみに、仏教的に「汚れ仕事」を定義すれば、「他人の苦しみを利用して利益を得る仕事」になります。人を騙したり、酷使したり、依存させて抜け出せなくするような仕事は、たとえ合法であっても、汚れ仕事に当たります。

この女性の仕事は、その意味でも、汚れ仕事ではありません。でも本人はそう思い込んで、自分の価値を否定していたのです。

なぜ女性は、自分を否定しているのか——「価値観」という心の荷物を背負っているからです。

価値観とは、価値のある・なしを判断する基準（認識の枠組み）のことです。

世の中には、肩書きや財力や学歴や容姿といった、人の価値を判断するさまざまな物差しがあります。この物差しによって、価値の上下や優劣が生まれます。

「これは上、これは下」という判断だけなら、「わたしはこう思う」というだけ。つまり個人の妄想でしかありません。

しかし、その判断を聞いた誰かが、「そうか、これが上で、これが下なんだ」と同意した時、ひとつの判断が共有されます。「これには価値があるが、あれはない」という判断が通用する関係性が生まれるのです。

この関係性が「世間」です。「価値観が世間で通用する」とは、価値観という名の判断（妄想）を共有する人が複数いるということです。つまり、こう定義できます――

世間とは、価値観という名の妄想を共有する「妄想共同体」である。

この世間という共同体では、さまざまな判断が共有されます。「あの人は○○を持っているから成功者だ」「あの人は○○がないから落伍者だ」――こうした判断が、他人同士で通用してしまうのです。

世間は、さまざまなところに存在します。小さなところでは「家」が世間です。近所や地域、大学や企業なども世間です。日本社会もまた、価値観を共有する人々が作る世間です。

さらに、インターネットやSNSも、さまざまな価値観を共有する人々がつながる世間です。

気づけば、自分も、世間という妄想共同体の一員です。人のこと、自分のことを、あれこれと判断する。上だ下だ、勝ちだ負けだ、正しい間違っていると意見を語って、共有できる相手とつながり、異なる相手と言い争う——。

いつの間にか、世間という妄想共同体に、どっぷり浸かっているのです。

こうしたあり方に、本当に意味があるのか？——というのが、ブッダからの問いかけです。かつて青年たちに問いかけたように、もしブッダが現代に生きていたら、「新しい自分を生きてごらん」と静かに促すかもしれません。

「たしかに、この世間は窮屈だ。世間に浸かったこの状況から、わたしも抜け出せないものか？」

あなたがそう考えるなら、世間から〝脱出〟するスキルを身につけましょう——。

まず、世間が何によってできているのか、確認しましょう。

いうまでもなく、妄想です。どんなに巨大で複雑な世界に見えても、それを作っているのは、人間の心です。その心にあるのは、妄想です。

「あの人々は、みな妄想しているんだ」というのが、正しい理解です。

次に、「人々」を「世間」に置き換えます。すると、「世間は妄想しているのだ」と理解できます。**その上で渾身の力で、線を引きます——**

「世間と、わたしは、違うのだ」

「世間と自分は関係ない」

「世間は妄想しているかもしれないが、わたしは妄想に呑まれずに生きていこう」

そう宣言するのです。

自分を否定する根拠はない！

「でも、周りの人は、世間の価値観で見てきます。見下されるのは、つらいです」と、その女性は言います。

この女性のみならず、周囲の目・世間の価値観に抗《あらが》いきれずに、いつの間にか他人の物差しで自分を評価するようになった人は、大勢います。

しかし、不思議ではありませんか――しょせん妄想にすぎない他人の価値観が、なぜそんなに気になるのでしょう？　なぜ他人の言葉や視線だけで、自分が否定されるかのように思えてしまうのでしょうか。

その理由は、二つです――。

ひとつは、「**自分も同じ妄想を持っているから**」です。

価値観という名の妄想は、生まれた時には、なかったはずです。周囲の大人から（まさに世間から）、「あの子は○○だからエライね」「○○ちゃんはできるのに、なぜあなたはできないの」という言葉を聞いた。「そうか、大人はそのようにモノを見るんだ」と学習した。そこで価値観を学習したのです。

つまり、大人の妄想を共有したということです（社会化とも呼ばれます）。
もうひとつは、**「自分も同じように評価されたい」という願望**です。「わたしも、他の人と同じように、世間の価値観によって認められるようになろう」と考えた。〝承認欲〟で反応してしまったのです。

結果的に、世間が信じる価値観（妄想）に合った自分になりたい――という執着が生まれたのです。以来、この心の状態のまま、生きてきました。

価値観という名の妄想を取り入れて、その妄想で自分の価値を判断するようになった――こうして重たい心の荷物を背負ってしまったのです。

では、世間の価値観という荷物を、降ろすにはどうするか。この女性が、「汚れ仕事」という価値観から自由になるには、どうすればいいのでしょうか。

ここでは、三つのステップを踏んでゆきましょう――。

第一に、**世間の正体を見抜く**ことです。「世間は妄想共同体」「人はみな、妄想しているだけなんだ」と気づいて、「わたしは同じ妄想を取り込まない」と覚悟を決めてください。

第二に、**価値観という名の妄想を抜ける**ことです。「妄想しない練習」に励むこと。第四章で紹介した方法を実践していくのです（価値観という妄想を思い出さなくなるまで！）。

第三に、**そんな人々に認めてもらおうという期待を捨てる**ことです。妄想する人たちから〝卒業〟すること――。

自分が妄想しなくなれば、他人の妄想に影響されなくなります。認められたいと思わなければ、自分のままでいられます。

誰かが、ブランドや肩書きを誇ってみせたり、価値観で人を判断する場面に遭遇しても、「そうですか（そういう妄想を見ているのですね）」と眺めるだけになります。別の生き物を見ているかのように、反応しなくなるのです。

他人に認められるより、自分が自分に納得するほうが、はるかに大事です。**この世のどこかに居場所を見つけて、満たされた心で生きていく**――それ以外に何が必要だというのでしょうか。

関わる相手は自分で選ぶ

最後に、関わる人を自分で選ぶことです。価値観という名の妄想を共有しなくなれば、話がまったく合わなくなります。話していても楽しくないし、そばにいる意味を感じなくなります。

この女性の場合は、父親でした。「あそこの息子は、○○中学に受かったらしい」「あの家の旦那は○○という一流企業に勤めている」「従弟《いとこ》のあいつは○○大学を出たが、大した仕事はしていない」と、人を値踏みしてばかり。

でも、自分自身は「落ちこぼれ」です。だからこぼすのは、愚痴と恨みばかり。娘である女性のことも、「おまえは落伍者だ」「どうせ汚れ仕事しかできないんだろう」と、あまりに心無い言葉を浴びせるばかりでした。

こんな人間のそばにいたら、強烈に感化されてしまいます。「自分は価値のない存在だ」と思い込むほかなくなります。特に親の言葉は、愛されたいと願う子どもにとって、強烈な影響力を持ちます。しかも四六時中、空気のように一緒にいるのです。その力たるや、計り知れないものがあります。

まずは離れてください。全力で――でなければ、一生心の荷物を降ろせずに、苦しみ続けます。

「でも、父親ですし」と女性は言います。親子、家族、血縁だから――みんな、口をそろえて、こう言います。まさに世間で生きている証拠です。

ブッダに言わせれば、「家族」も「肉親」も〝妄想〟にすぎません。なぜなら、客観的に実在するものではないからです。人間が作り出した概念・制度にすぎませんん。だからこそ、時代や文化によって、その中身が異なるのです。

家族や親子という関係は、客観的に見れば、妄想を共有する人たちが作る〝妄想共同体〟の一つです。もちろん、幸せを育み、社会を維持する共同体なら、かけがえのない意味を持ちます。しかし、人を苦しめる妄想を共有する場所なら、執着する意味はないのです。

「関わらなくてよいではありませんか。早く離れてください」と伝えました。

「いいのですか!?」

「いいのです。だって妄想なのですから」

また別の場所で会った男性は、経済的事情と親の反対を受けて、大学に行けませんでした。ところが、親戚一同は、学歴の話が大好きです。

「親戚が集うと、いつもそんな話題になるから、本当は帰りたくありません」と言います。

「帰らなくていいじゃないですか。一人で生きていけるのでしょう？」

「いいのですか？」

「だって妄想ですから！」

これが、ブディズムです。よくいえば潔く、悪く言えば、身も蓋もありません――だけれど、真実です。人が幸せになる可能性を増やしてくれる考え方です。

人を苦しめる妄想は要りません。そんな妄想にお付き合いする義務もありません。

人を平気で値踏みし、苦しめるような人とは、関わらなくていいのです。

いうまでもなく、生活のため、仕事のために、どうしても関わらざるを得ない相手もいます。そんな場合は〝反応しない練習〟で対処するほかありません。

でもそれ以外の相手は、こちらが選んでよいはずです。妄想を取り除けば、あなたの心を縛るものは、何もありません。

自分が心地よく関われるか、必要かを吟味して、自分が選ぶ。その選んだ関わりの中で、幸せを育んでゆけば十分です。

人は、ある意味「お人よし」すぎるのかもしれません。その価値観が、人を幸せにするものか不幸にするものか、世の中を前に進めるものか、後退させるものかを考えもしないで、「周りがそうしているから」「人が信じているから」という程度の理由で、なんとなく採り入れてきたのです。

地位とか学歴とか収入とか、ＳＮＳのフォロワー数とかいいね！の数とか、そんな他人の妄想に身をゆだねて、喜んだり落ち込んだり――まさに世間という妄想共同体に翻弄されているのです。

そんな自分に疲れているなら、卒業すればいいのです。決別すること。自立すること。苦しみのない心こそが、最高の価値である――その原点に帰りましょう。

そして、もう一度、〝心が自由でいられること〟を目印にして、生き方を再デザインするのです。

歩いてみて、初めて見える景色もある

ひとは、ままならない現実に、失望し、苦悩し、ときに暗い闇の中をさまよっているかのような気持ちに襲われます。

しかし本当は、外の現実が問題なのではなく、自分の中に希望——確かなよりどころ——がないことが、問題なのかもしれません。

闇の中にあって、なお希望を失わずに生きていくことは、可能です。

私がそのことを実感したのは、日本に帰った後のことでした——。

日本で人生をやり直そうとしたとき、もう四十歳を過ぎていました。

頭を丸めた、異国の出家僧のいでたちです。まともに話を聞いてくれない不動産屋が、ほとんどでした。最初の二晩は、野宿しました。

なんとか場所を見つけて転がり込んだものの、しばらくなんの仕事もありませんでした。家財道具は、日本を出るときに処分しています。拾ってきた段ボール箱で机を作って、その上で本を読んだり、文章を書いたりし始めました。

夏の夜、近所のラーメン屋に入りました。サイドメニューの「百円の卵かけご飯」だけを注文しました。店のおじさんは驚いた顔を見せましたが、状況を察したのか、トッピング用の惣菜を、何種類か山盛りで置いてくれました。情けないけど、嬉しかったものです。

仏教を伝える活動をしようにも、「宗教はちょっと」と、断られることがほとんどでした。何者でもない日々が、過ぎていきました。


かつて日本を離れる前は、深夜になると、遠くまで散歩に出かけることが日課でした。ひと一人いない街道を、オレンジ色の外灯が薄く照らしています。この暗闇は、いったいどこまで続くのだろう——そう思いながら、当てもなく歩き続ける日々がありました。

歳月が流れて、再び日本に帰ってきました。でも状況は、まったく変わっていませんでした。十代の頃から、ずっと同じ景色を見ている気がします。

ただ一つだけ、あの頃と違うものが、ありました。

それが〝ブッダの道〟でした。

ブッダの道（生き方）とは、何かを信じることではありません。たとえば夜の暗闇に独り佇《たたず》んだときに、この胸の底に何を置くか、どんな心がけに戻るか――その答えを知っていることです。


この世に生きる人々が、幸せであるように――。


深夜の街角で、真面目にそう念じました。新しい自分にたどり着いて、最初に学んだ〝慈しみ〟です。それこそが、日本を離れるまでして、ようやくたどり着いた、ただひとつの真実でした。

だから、こう考えたのです――この人生で大事なことは、慈しみに立つことだけ。苦しいときこそ、正しい心の土台に帰ることだ。

この想いひとつで、アルバイトでもなんでも、見つけた仕事をやっていけばいい。それが修行だ。自分が選んだ生き方だ。

別に人に見つけてもらわなくてもいい。愛されなくてもいい。人はそもそも、無に近い存在だ。多くの命が、この夜空の下で、ひとり静かに生きている。

この命もまた、これからずっと、もしかすると一生、暗闇の中をひとり生きることになるかもしれない。でも、それでいいではないか。

ひとは、どんなに独りでも、この胸の内に、思いやり、優しさ、やすらぎを持つことができる。

闇の中でも、希望を見て生きていける。生きていいんだ――。

それが、そのとき胸に灯った〝自分自身への信頼〟でした。

「この自分に間違いはない。生きてみよう」――とだけ思いました。

その夜以降も、静かな日々を、じっと生きてきました。

でも、その日々の先に、あなたとの出会いがあります。

歩いてみるものです、道というのは――。

最終章

〝心の出家〟として生きてゆこう

新しい自分を始動する

振り返ってみれば、ずいぶん重たい荷物を背負って生きてきたものです。

しかし、背負い続けていたのは、自分が執着していたからです。

人生で最高に価値あるものは〝心の自由〟だと知り、そこに近づく道が見えた今となっては、重たかった日常は、すでに過去の話です。この先は、いつも自由な心で過ごせる、新しい自分をめざすことになります。


そこで考えたいのは、〝心の出家〟という生き方です。

お寺に入ってお坊さんになるという形ではなく、心の出家として生きるとしたら、人生はどう変わるか？

さまざまなことが、人に知られることなく、ひっそりと変わります。でも本人にとっては、最高に楽しく、劇的な変化です。

楽しくて周りには秘密の〝心の出家ライフ〟について、解説することにしましょう――。

いい意味で「開き直る」

もともと仏教の世界で〝出家〟pabbajjāとは〝前に向かう人〟を意味します。出家と似た意味で使われる〝道の者〟（沙門 samaṇa）は〝道に励む人〟つまり、正しい方法を実践する人のことです。

だから本来、出家とは、心の自由をめざして進み、その方法を日々実践する生き方を選んだ人をいうのです。

しかも、目標は〝心の自由〟です。自由は、心という自分だけの聖域に、ひそかに見出すものです。誰かの公認や資格を得るという話ではありません。

つまり本当の出家に、場所も形も関係ないということです。剃髪しているとか、お寺で修行したという形が大事なのではなく、〝心が出家している〟ことが、本質なのです。

だから、こう定義しましょう――

人生における最高の価値は、心の自由であると知っている。

わたしはその方法を実践している。

外の世界は、おまけにすぎない。心の自由を大事にするのが、わが生き方である。

それが〝心の出家〟です。

〝心の出家〟で日常はこう変わる

〝心の出家〟として生きることを選んだなら、日常は、次のように変わります――

一、人生はいつでもやり直せる

学校に入ったら、最初は一年生ですね。そこから一日ずつ進んでいきます。

心の出家もまた、新しい自分を始めた日から、一日ずつ歳を数えます。一年めが一歳で、三年めが三歳です。何歳から新しい自分を始めようと、十年めは、まだ十歳です（！）。

実際に、仏教（お寺）の世界では、出家してからの年数で年齢を数えます。出家して二十年めが、二十歳（はたち）ということです。

心の出家にとって、社会における年齢は、関係ありません。だから、こうした数え方が可能になるのです。

しかも、出家する前の人生は〝前生《ぜんしょう》〟と呼んで区別します（これも、実際に仏門に入ると、そのように扱われます）。

かつての自分は「前生の自分」。親や兄弟は、「前生に家族だった人たち」です。「心のうえでは亡くなりました」ということです（なんて都合のいい――いや、便利な発想でしょう！）。

もちろん、人々は、こちらの過去を覚えているし、社会の履歴も消えません。

しかし、そうした外の世界の扱いと、自分の心は別なのです。

「心においては、わたしは別人――どうか新しい自分を見てください」と伝えるのみです。

生まれ変わる「一人儀式」をする

引っ越ししたり、仕事を変えたり、リタイアしたりと、新しい生活を始める時期は、新しい自分を始めるグッド・タイミングです。

そんな時にお勧めしたいのが、心に区切りをつける工夫です。いわば〝自己流の出家の儀式〟をするのです。

儀式と言えばあやしく聞こえるかもしれませんが、要は、自分の中で区切りをつけるために、自己流の小さなイベントをすることです。たとえば、

○近所の山に登って、新しい目標を祈願する。
○乗ったことのない路線を旅して、心をリフレッシュする。
○理髪店・美容室に行って、髪形を整える。
○ふだんは買わない文房具や服を手に入れる。

新しい日記や手帳を買ってきて〝新しい自分日記〟をつける手もあります。新しい自分を一年頑張って、翌年の〝誕生日〟には、小さなお祝いを自分でするのも、楽しいかもしれません。

二、心が歳を取らなくなる

新しい心でやり直す——それができれば、心は歳を取りません。

そもそも心は、無常で形のないものです。だから心に年齢はありません。心が歳を取る（老いる）としたら、余計な心の荷物を背負って重くなる時です。

仏教における〝老い〟とは、いつも不機嫌で、欲深く、妄想にまみれて、この世界の美しさや、人々の喜びが見えなくなった心のことをいうのです。

しかし〝心の自由〟を取り戻せる人は、こうした荷物を背負いません。背負ってしまっても、「重いな、良い心の状態じゃないな」と気づいて、すぐ降ろしてしまいます。結果的に、心はいつも軽くて新しい――だから、心が歳を取らないのです。

三、外の世界は関係ない

〝心の出家〟は、外の世界に動揺しません。外の世界との間に、きっちり線を引いているので、世の中のありよう・人々の姿には「よく理解するが、反応しない」ことを徹底しています。

そして、つねに心を見つめて、自由な状態を保っています。少しの時間を見つけて、妄想を払って、自由な心を取り戻すのです。

だから、心はいつだってクリアです。「世にあって、世に染まらず（汚されず）」という生き方を、日常の中で実践し続けるのです。

執着に負けない強い自分を作る

もうひとつ、心の出家をめざす人が、覚えておくべきことがあります。それは「執着に負けない強い自分になる」ということです。

本書で取り上げた「世間という妄想共同体」から決別するというのも、執着に負けない強さを意味します。

もうひとつよくある話に、「厄介な相手に遭遇した時に、どうするか」という問いがあります。

たとえば、この世界には、人を傷つけたり、平気で苦しめたりする人が、たしかに存在します。人の心には、たいてい欲と妄想があります。中には悪意や慢の人――相手を見下したり、支配したり、利用しようとする人もいます。

こうした人たちが影響力を持つ場所では、いじめやパワハラ、嫌がらせなど、人を苦しめる言葉や行いが増えていきます。

本当は、それを止める勇気と優しさを持った人が必要なのですが、そうした幸運に恵まれない場所――職場や学校、家庭や地域など――も、たくさんあります。

こうした人々が作る場所には、執着しないようにすることです。

こうした場所は**「異質な人たちが作っている場所だ」と見極める**ことです。

異質な人とは、価値観が違うという言い方も可能ですが、仏教では、欲や怒りや慢が過剰で、誰かを苦しめて平気な人のことをいいます。

こうした異質な人とは、関わらないことを選んでください。苦しみを増やすのは、自分の生き方ではないからです。

気をつけるべきは、こうした人や場所に執着してしまうこと。反発して闘おうとしたり、限界まで我慢したり、「自分が悪いんだ」と自分を責めたりすることです。

これらは〝持続への執着〟に当たります。

その場所・その人を、冷静に、正しく理解しようと努めてください。もし自分とは異質の人たちだと感じたら、執着せずに離れることです。

外の大地に、自分の足でしっかり立って、もう一度新しい場所を探しましょう。

心の出家は、必要もなく苦しめ合う場所に、執着しません。互いに励まし合って、幸せに過ごせる場所をめざします。

まずは自分が執着に負けないように――「強い自分」をめざしましょう。

踏み出す、歩き続ける、それだけでいい

なお、新しい生き方を始めても、「これが自分の居場所だ」「これが自分の人生だ」と納得できるまで、長い時間を要するものです。しかも、始まりは、ほとんど〝未知〟――何も知らない状況からスタートすることになります。

だから、未知の世界に、「こうなるだろう」という〝予測〟は禁物です。わかるはずがないからです。

次に、できない、向いていない、自分には無理だという〝判断〟も、禁物です。最初からできることなど、ありません。ラクではないし、失敗もします。その段階で「無理」と判断したら、その先の可能性は、ぜんぶ潰れます。

要は「妄想しない」ということです。入ってみる。見てみる。やってみる。そうやって体験を増やすだけでいいのです。そのうち、できることが増えて、ストレスなく動けるようになります。ようやく居場所ができてくるのです。

妄想に負けて、自分から人生を狭くしないように――道は、とりあえず歩くだけでいいのです。

瞬間出家のススメ

生きるとは、執着に陥ることの連続です。いつの間にか妄想している、不機嫌になっている――こんな気分で過ごしていたら、心はいっそう重くなってしまいます。しかも日常生活では、多くの人と遭遇します。挨拶して、面倒見て、話に付き合って、気を遣って――どうしても時間が奪われてしまうし、ストレスも溜まります。

「一人になりたい」と思うことは、誰にでもありますよね。

そこで、穏やかで健康な心を取り戻すべく、積極的に一人の時間を作りましょう。束の間の孤独は、心の自由を取り戻す貴重な時間です。

そのひとときだけは〝心の出家〟として過ごすようにするのです。たとえば――

○移動中の電車の中――最近は、到着時刻も携帯で調べられます。着く時間をセットして、目を閉じて感覚を意識しようと努めます。もし音楽を聴くなら、「音を見る」つもりで、目を閉じて暗がりに響く音を見つめましょう。集中することで、心を浄化するのです。

○車の中――できれば、人のいない山中や海岸に出て、電気を消して、静寂に浸ってみましょう。その瞬間は、日常は存在しません。

○湯舟に浸かっている時――自宅の風呂でも温泉でも、浸かりながら体の感覚を感じとって、無駄な妄想を洗い流しましょう。

○宿に泊まっている時――こんな時こそ、サティ（瞑想）に務めたり、ふだんは読めない本をゆっくり読んだりしてみましょう。日常とは違う時間を意欲的に過ごしてみるのです。

もうひとつ、仏教的な時間の過ごし方があります――電車の中から見える風景を、〝あるやり方〟で見つめ続けるのです。

そのやり方とは、「**因縁《いんねん》を見る**」という手法です。因縁とは、仏教の言葉で〝関係性〟のこと――たとえば車窓の景色は、移動する自分と、外の建物や自然との関係性によって、できています。

こちらが移動するにつれて、同じ物が別の色や形を見せます。流れ去ったかと思えば、次の景色が目に飛び込んできます。

「自分が動いているから、景色も動く」――その当たり前のようで、当たり前でない事実を、ひたすら見つめるのです。

見える景色は、その時、その場所を通り過ぎたから見える、関係性による現象です。それは奇跡のようなもの――**「この移ろいゆく景色を見ているのは、自分だけなんだ。宇宙でひとつだけの奇跡なんだ」と感じながら、見続けるのです。**

本当に〝見る〟ことに集中した時、心にあった荷物は、きれいに消えてしまいます。自分が消える。日常が消える。在るのは、流れる景色だけ――そんな心の状態に入ることがあります。


こうして、暮らしの中にある、ほんのわずかな一人時間を使って、日頃の自分を、日常を、忘れてしまうのです。

その瞬間は、完全に自由――いわば〝瞬間出家〟です。

自分だけの至福の瞬間を探しに、出かけてみるのはいかがでしょうか――。

「あ、忘れてた」を大事にする

もうひとつ、心の自由を取り戻すコツがあります——それは「忘れていた自分に気づく」という方法です。

ひとは、四六時中悩んだり、ストレスを抱えたりしているように感じていますが、意外と「忘れている」時間も多いものです。

仕事や家事に追われているうちに、先週あったイヤな出来事を忘れていたり、絶対忘れてはいけない予定や約束を、つい忘れてしまったり——。

人間の心は、執着する（しつこい）一方で、意外と間が抜けているものです。良くも悪くも「忘れがち」なのです。

だから、忘れがちな心の性質を活かして、こんな練習をします——**イヤなことを忘れていたことに気づいたら、「あ、忘れていた！」「今、心が軽い！」と、はっきり自覚する**のです。

こうした時間を増やしていくと——つまり「忘れていた」「抜けていた」ことに

気づく回数を上げていくと、〝自由な心〟とはどういう状態か、経験的にわかってきます。

すると、心の荷物を背負った重たい状態にも、早く気づけるようになります。

さらに「軽快な心を取り戻そう」と考えるだけで、自由な心の状態を思い出し、その境地に早く戻れるようになるのです。

究極の真実――「この瞬間に苦しみはない」

独りの時間は、ぜひ外を歩いてみてください。川のせせらぎ。公園の並木道。月の光。季節ごとに変わる空気。虫の輪唱――さまざまな気配を感じることができます。この世界は、いつも動いています。

執着を離れた心で見渡せば、世界は命に満ちて美しいものです。

その一時《いっとき》に立っているあなたも、自由な心の状態にあります。


「このひとときに、苦しむ必要はない」

「この瞬間に、苦しみはない」

そう確かめてください。ひとの人生は、苦労続きのようでいて、実は一日のうちにたくさん〝やすらぎの瞬間〟を授かっているものです。

執着しているから、その瞬間が見えず、苦しみがずっと続いているように思うのです。でも、それは執着ゆえの錯覚です。

一日をよく注意してみれば、何も思い悩む必要のない、やすらぎの時間は、意外とたくさん見つかります。

ひとは、心の持ち方ひとつで、慌ただしい日常から、自分を救い出せるのです。

その可能性を、いつも覚えておいてください——。

孤独を希望に変えてゆこう

孤独は、本当につらいものなのでしょうか。

ひとによっては、歳を重ねたり、人と別れたり、仕事を失くしたりして、淋しい、心細いと涙することがあります。

たしかに、それも自然な心情です。その一方で、独りの時間が、やすらぎや救いのひとときだという人もいます。

なぜ孤独が持つ意味が、人によって変わるのか——やはりブッダが言うとおり〝**心に何を思うか**〟に、関係がありそうです。

一人の時間に何を思うかで、孤独の意味は変わるということです。

ひとが淋しさを感じるのは、たとえば、次のような時間でしょうか——

○誰かにそばにいてほしい。
○他の人は幸せそうに生きているのに、自分は独りだと思う。
○周りに理解してくれる人がいない。自分の居場所がない。
○このまま一人で年老いていくのかと思うと、不安になる。

いずれも、人として自然な感情です。だけれど大切なことは、心の中に何を思うか――ここは、ブッダの智慧を借りて、孤独の意味を入れ替えてしまいましょう。

まずはいつもどおり、目を瞑《つむ》ります。心にある思いを確かめます。

誰かにいてほしい。かつていた人たちが、今はいない。ここは自分の居場所じゃない。一人老いていくことが心細い――。

こうした思いを、ありのままに理解します。「ある」ということ。それが今背負っている心の荷物ということです。

次に、ブッダに習って、これがどういう心の状態かを考えます。

身も蓋もない真実ですが、心に見える思いは、心の状態として見れば、すべて妄想ということになります。

たしかに、自分だけに見えるもの。この世界でひとり生きる他の命は、見ていないもの――ということは、やはり妄想に当たるのです。

「孤独が妄想だなんて、受け入れがたい」と戸惑う人も、いるかもしれません。もちろん、その気持ちもわかります。

ただし、ここは、今後の人生をいかに生きるかを決める〝分岐点〟になります。だから、自分で選択しなければいけません――

一人の時間を、妄想に使うか。妄想を別の思いで置き換えるか。

妄想に使えば、孤独はつらい時間になります。一人の自分をみじめだと思い、人を羨んだり、外の世界が恐くなったりして、心はいっそう不安定になります。

しかし、人生、一人で生きる時間は、避けられません。長い歳月を一人で生きることになるかもしれません。

だからこそ、孤独を恐れない強さが、必要になるのです。

だからこそブッダは、孤独を恐れるなと伝えます。孤独をつらいと感じ、孤独を恐れる気持ちが「ある」と、正面から認めること。

そして、孤独感から自由になるために、潔く「そうか、これは妄想なんだな」と受け止めなさいというのです。

次に、過去に出会った人たちを、思い浮かべてください。

これは妄想というより、過去にあった事実を、そのまま理解することです——いろんな人たちと出会いました。うまくいかなかった相手もいます。でも、親切な人、一緒に過ごしてくれた人も、確かにいます。

「あの人たちは、その時間を、命の一部を、わたしにくれていたんだな」と理解します。

さらに考えてみます——今こうして生きているのは、誰のおかげか。

今自分が関わっている人たちのことを思い浮かべます。家族や友人がいる人は、その人たちのことを。一人の人は、世話になっている人々のことを——。

たまに会う人、時折訪ねてくれる人、一生懸命働いて、自分のもとに何かを運んでくれる人――いろいろな人たちのおかげです。

見渡してみれば、住む場所も、食べる物も、着ている服も、何ひとつ自分一人で作ったものは、ありません。見知らぬ誰かが、その命を使って、どこかで作ってくれたものです。それが不思議なつながりによって、今こうして手元にあって、自分を支えてくれているのです。

「なんだ、独りではないじゃないか」――それが、正しい理解です。

この世界は、自分が出会ってきた人たちだけでなく、それを上回る圧倒的な数の、人と命と自然とでできています。もしこうしたつながりの一つでも欠けていたら、今の自分は存在しないかもしれません。

今生きているこの日常が、生活のすべてが、目に見えないつながりによって、支えられているのです。目の前に広がるこの世界を埋め尽くしているもの――それが、他の命との〝つながり〟なのです。

こうした真実に気づくなら、きっと別の思いが湧いてくるはずです――

「わたしは、独りではない」

ならば、安心してよいのです。「大丈夫、生きていける」と。

そして、この命を支えてくれている、すべての命への「ありがとう」――。
それが、孤独の中で最初に思うべき真実です。

あとは、この世界への慈しみを――

みんなが幸せであるように。
わたしが出会った人たちも、見知らぬ人たちも、未来を生きていく人たちも、
この世界に生きているすべての命が幸せであるように――。

そんな願いを、心から向けてみるのです。
こうした思いと一つになれたら、孤独がつらいという思いは、跡形もなく消えているはずです。

孤独の中で生まれ変われ

孤独の過ごし方が見えたとき、独りの時間は、新しい人生へのスタートラインに変わります。

心の自由を大事にする人にとって、孤独は珠玉の宝石のようなもの。愛おしく、希望に満ちた時間です――。

飛行機は、高度を下ろして、羽田空港に近づきつつありました。

季節は秋、時刻は午後八時すぎ。雨が降った後なのか、久しぶりに見る日本の夜景は、洗いたての街の灯りで色とりどりに輝いていました。

最初にインドに渡ってから、はや十年――あれから、毎年かの地に戻って、現地の青年たちと活動してきました。

出家して新しい人生を授かったあの国は、いわば第二の生まれ故郷――こうして日本に帰るのは、ときおり単身赴任しているような気分になることもあります。

日本という国での生き方は、あの乾いた大地での生き方とは、少し違います。インドでは、すでに仏教は滅びています。言語と文化は多様ですが、かつてブッダが説いた〝心の自由を取り戻す道〟は、今やどこにも見当たりません。

仏教が滅びた後に増えていったのが、カーストであり、輪廻信仰です。インド社会で最底辺に追いやられた人たちは、この二つによって、今も苦しみを強いられています。

あの大地でブッダが挑んだことは、〝不合理〟との闘いではなかったか、とふと思えてきます――。

人を差別する価値観も、人間を苦しみに閉じ込める宗教も〝不合理〟だ。
人は、誰もが幸せをめざして生きている。ならば、人を苦しめる妄想は、必要がない。

もし人間が、妄想を突き抜けることができれば、不合理な宗教や因襲や、人を苦しめる価値観から、自由になれるだろう――。

そうすれば、この世界は根底からひっくり返るはず。目覚めた人ブッダは、本当は、そんな遥かな地平まで見すえていたのかもしれない。そう思えてくるのです。

翻《ひるがえ》ってこの国には、カーストも輪廻もありません。もちろん、それに似た差別や貧困など、多くの問題を抱えていることは確かです。

しかし少なくとも、物質的豊かさと、社会を改善する速度は、この国のほうが恵まれているような気がします。

だけれど、この国にも苦悩は山積しています。夜景を彩るあの灯り一つひとつにも、いろいろな悩みを抱えて生きている人が、いるはずです。

「生き方がわからない」ゆえの苦しみも、数え切れないほどあるのでしょう。

そう、生き方を知ること――この当たり前のことが、なぜいつの時代、どの社会においても遠いのだろう。そう思えてきます。

空港からの電車には、勤め帰りの人々が、ひしめき合っていました。いろんな声が聞こえてきます。仕事のこと、休日の予定、知人の噂、子どものことなど。それぞれの日常を忙しく生きている人たち――。

この国には、モノも、情報も、社会のルールも、すべてが密にそろっています。この国特有の空気をいうなら、人々の繊細さかもしれません――互いに気遣って、人の目を気にして、浮かないように、はみ出さないようにと、神経を使っている気配が伝わってきます。

神経を使いすぎて、すり減って、動けなくなった人、人を信じられなくなった人、社会に絶望した人も、きっとたくさんいるのでしょう。

考えてみたら、自分自身も、その一人でした。怒りも、絶望も、悲しみも、居場所のない思いも、長い間、噛みしめながら生きていました。ブッダが教えてくれた〝生きることの苦しみ〟は、すべて自分の中にもありました。

あの頃の苦しみを、私は生涯覚えていようと思います。かつて抱え込んだすべての苦しみは、今の新しい人生の出発点になっているからです。

最初に日本を離れた時と、こうして再び日本に降り立った自分との最大の違いは何か。それは〝心の自由を知っている〟ことです。

自由な心を取り戻す方法──道──を教えてくれたのが、ブッダでした。

二千五百年以上昔の、インドの乾いた大地に、心の苦しみを超えた人がいた。

その人がたどり着いた道は、遥か時代を越えて、未来の小さな島国の夜に生きる一人の人間を救ってくれた。この世界は本当に不思議です。見えないつながりの果てに、こうして誰かに届くこともあるのですから──。

これから私はずっと、ブッダと呼ばれていた人の声に、耳を澄ませて生きてゆくでしょう──


心を見よ。心を正しく理解せよ。

苦しみは、それぞれの心の中にある。

だが、正しい方法を使えば、抜けられる。

人は、いつでも自由になれる。

あなたも、その一度きりの人生において、心の自由を取り戻せるのだ──。

夜の電車に揺られながら、目を閉じてみます。心と外の現実とが切り離されて、心だけが残ります。

外の世界がどのようなものであろうとも、自分の心とは関係がありません。

心の自由を思い出す。わが心に、正しい心がけを置く。

そしてもう一度、新しい自分として、目を開くのです。

さあ、生きていこう――。

それは、いったん死んで再生することに似ています。無に帰って、心を新たにして、もう一度新しい人生へと踏み出すのです。

こうしてみると、独りの時間は、再生のひとときです。いったん日常から離れて、生まれ変わるための通過儀礼です。

生き直せ。また新しい人生を始めよう――。

孤独が語りかけているのは、そういう声なのです。

人はいつでも自由になれる

これまでに得た生き方を、ブッダの言葉にならって、まとめてみましょう――

求めすぎて不満を感じたら、今自分にできることに心を尽くそう。
内なる怒りに気づいたら、感覚を意識して気持ちを切り替えよう。
暗い妄想に取り憑かれたら、外の光に目を開こう。
肥大した慢に気づいたら、つつしみに帰って、素直な心を取り戻そう。
孤独がつらいと感じたら、慈・悲・喜・捨に立って、心を開こう。

こうして、重くなった心を、その都度、新しい心がけに置き換えてゆくのです。
ブッダが伝えたとおり、心はうつろいゆく、形のないものです。だから、正しい生き方を重ねていけば、心は確実に軽くなっていきます。

やがては、いっさい重さのない、解き放たれた心境へ――自由な心へと、たどり着きます。

心の荷物を背負い続ける人生ではなく、心の自由をめざして生きる人生へ――その選択に間違いはありません。

原始仏典に、こんな決意の言葉が残っています――

今こそ、わたしは世俗からの大いなる離脱をしなければならぬ。

――四門出遊　ジャータカ

ここでいう「世俗」とは、私たちが生きる日々の暮らしと、外の世界のことです。

ただし「離脱」とは、逃走して行方をくらますことではありません。

むしろ、心が自由であることです――日常から抜けていること。人の視線や、世界の風潮に支配されないこと。誰もがさまよっているかのような世の中で、何が最も価値あることかを、思い出せることです。

もしあなたが今、先が見えない毎日を生きていて、ここではない新しい場所や、あったかもしれない別の人生を、ふと探すことがあるのなら、まずは〝心の中の離脱〟を考えてみてください。〝心の自由〟に向かって、歩き出すのです。

日常は、すぐには変えられないかもしれません。しかし、心の荷物を一つ、二つと降ろしてゆくことは、できるかもしれないのです。

やがて、こう思えたら、最高です――

わたしは、何よりも、心が自由であることを大事にして生きてきた。
心の荷物を背負わないように、気をつけてきた。
そのおかげで、わたしの心は軽くて自由だ。今が一番しあわせだ――。

そんな明日にたどり着くために、今こそ、心の中で〝飛翔〟するのです。

「わたしは、心の出家なんだ」――そう宣言してください。

心の自由という最高の気分に向かって、ここから進んでゆきましょう。

草薙龍瞬（くさなぎりゅうしゅん）

僧侶・興道の里代表。奈良県出身。中学中退後、十六歳で家出、上京。独学で大検（高認）を経て、東京大学法学部卒業。政策シンクタンク等で働きながら、生き方を探し続け、三十代半ばで得度出家。ミャンマー国立仏教大学専修課程修了。現在、インドで社会改善NGOと幼稚園・小学校を運営するほか、日本では単身で「合理的な方法としての仏教」を伝える活動をしている。夏の全国行脚や仏教講座、法話と経典朗読を採り入れた法事など独自の活動を展開中。主な著書に『反応しない練習』『これも修行のうち。』(KADOKAWA)、『こころを洗う技術』(SBクリエイティブ)などがある。

心《こころ》の出家《しゅっけ》
変《か》わらぬ日常《にちじょう》をもっとラクに生《い》きたいあなたへ

2021年12月5日　第1刷発行

著　者　草薙龍瞬《くさなぎりゅうしゅん》
発行者　佐藤 靖
発行所　大和《だいわ》書房
〒112-0014　東京都文京区関口1-33-4
電話　03(3203)4511

本文印刷　信毎書籍印刷
カバー印刷　歩プロセス
製　本　ナショナル製本

ISBN 978-4-479-77236-1

http://www.daiwashobo.co.jp

デザイン　bookwall
DTP　EDITEX
校正　メイ